레비스트로스의 말

Entretiens avec Claude Lévi-Strauss
by Georges Charbonnier
Copyright © 1961 by René Julliard et Librairie Plon
All rights are reserved.

Korean Copyright © 2016 by Maumsanchaek
This Korean edition was published
by arrangement with PLON
through Sibylle Books Literary Agency, Seoul, Korea.

이 책의 한국어판 저작권은 시빌에이전시를 통해
저작권자와 독점 계약한 마음산책에 있습니다.
저작권법에 따라 한국 내에서 보호를 받는 저작물이므로
무단 전재와 무단 복제를 금합니다.

Cet ouvrage a bénéficié du soutien des Programmes d'aide à la
publication de l'Institut français.

이 책은 프랑스문화진흥국의 출판 번역 지원 프로그램의 도움으로 출간되었습니다.

▪ 이 도서의 국립중앙도서관 출판예정도서목록(CIP)은
서지정보유통지원시스템 홈페이지(http://seoji.nl.go.kr)와
국가자료공동목록시스템(http://www.nl.go.kr/kolisnet)에서 이용하실 수 있습니다.
(CIP제어번호: CIP2016009742)

레비스트로스의 말

원시와 현대 예술에 관한 인터뷰

클로드 레비스트로스·조르주 샤르보니에

류재화 옮김

마음산책

옮긴이 류재화

고려대학교 불어불문학과를 졸업하고 파리 소르본누벨대학에서 파스칼 키냐르 연구로 문학박사 학위를 받았다. 클로드 레비스트로스의 『보다 듣다 읽다』『오늘날의 토테미즘』『달의 이면』, 파스칼 키냐르의 『심연들』『세상의 모든 아침』, 라파예트 부인의 『클레브 공작부인』, 다니엘 아라스의 『서양미술사의 재발견』, 조에 부스케의 『달몰이』, 뮈리엘 바르베리의 『고슴도치의 우아함』 등을 우리말로 옮겼다.

레비스트로스의 말

원시와 현대 예술에 관한 인터뷰

1판 1쇄 인쇄 2016년 4월 25일
1판 1쇄 발행 2016년 4월 30일

지은이 | 클로드 레비스트로스 · 조르주 샤르보니에
옮긴이 | 류재화
펴낸이 | 정은숙
펴낸곳 | 마음산책

편집 | 이승학 · 최해경 · 김예지 · 박선우　디자인 | 이혜진 · 이수연
마케팅 | 권혁준 · 김종민　경영지원 | 이현경

등록 | 2000년 7월 28일(제13-653호)
주소 | (우 04043) 서울시 마포구 잔다리로 3안길 20
전화 | 대표 362-1452 편집 362-1451　팩스 | 362-1455
홈페이지 | http://www.maumsan.com
블로그 | maumsanchaek.blog.me
트위터 | http://twitter.com/maumsanchaek
페이스북 | http://www.facebook.com/maumsanchaek
전자우편 | maum@maumsan.com

ISBN 978-89-6090-266-4 03100

* 책값은 뒤표지에 있습니다.

우리 사회와 아주 다르고
멀리 떨어져 있는 사회를
외부에서 보는 것과 내부에서 보는 것은
전혀 다른 차원입니다.

■ 일러두기

1. 이 책은 『Entretiens avec Claude Lévi-Strauss』(Paris, Les Belles Lettres, 2010)를 우리
   말로 옮긴 것이다. 1959년 10월부터 12월까지 RTF 채널에서 조르주 샤르보니에Georges
   Charbonnier가 같은 제목으로 진행한 방송 내용이기도 하다.
2. 외국 인명·지명·작품명은 외래어표기법을 따르되 관용적인 표기와 동떨어진 경우 절충
   하여 실용적 표기를 따랐다.
3. 원서의 부연은 소괄호로, 옮긴이 주는 글줄 상단에 맞추어 작게 표기하였다. 원서에서
   강조한 글자는 작은따옴표로 처리했다.
4. 국내에 소개된 작품은 번역된 제목을 따랐고, 국내에 소개되지 않은 작품은 원어 제목
   을 소리 나는 대로 적거나 필요한 경우 우리말로 옮기고 원어를 병기했다.
5. 미술품명, 곡명은 〈 〉로, 편명은 「 」로, 책 제목은 『 』로 묶었다.

자연과 문명, 서로 녹아 흐르는 황홀경

류재화

La Nature est un temple où de vivants piliers

자연은 하나의 신전, 살아 있는 기둥들

Laissent parfois sortir de confuses paroles;

가끔 어수선한 말들 흘려보내고

L'homme y passe à travers des forêts de symboles

인간은, 익숙한 시선으로 자길 지켜보고 있는

Qui l'observent avec des regards familiers.

상징들 숲을 통統해 거길 지난다.

Comme de longs échos qui de loin se confondent

어둡고 깊은 한 통統 속

Dans une ténébreuse et profonde unité,

밤처럼 낮빛처럼 광막한 한 통統 속

Vaste comme la nuit et comme la clarté,

그 멀리서부터 뒤섞여온 긴 메아리처럼

Les parfums, les couleurs et les sons se répondent.

향들과 색들과 음들이 서로에게 화답한다.

Il est des parfums frais comme des chairs d'enfants,

아이의 살갗처럼 싱그러운 향기,

Doux comme les hautbois, verts comme les prairies,

오보에처럼 부드러운 향기, 초원처럼 푸르른 향기,

— Et d'autres, corrompus, riches et triomphants,

그런데 또 썩은, 진한, 의기양양한 향기.

Ayant l'expansion des choses infinies,

무한한 확산성을 소유한

Comme l'ambre, le musc, le benjoin et l'encens,

호박향, 사향, 안식향, 훈향처럼

Qui chantent les transports de l'esprit et des sens.

정신과 감각의 전이가 노래한다.

— 샤를 보들레르, 「조응-Correspondance」

* 이 시는 작성자가 만물의 조응과 감각들의 상응성을 설명하기 위해 부득이하게 직접 번역한 것이다. 번역의 불완전성, 해석의 다양성, 언어 선택의 자의성 등의 우려가 있음에도 이 글을 위해 시를 번역하고 인용하였음을 밝힌다.

보들레르가 노래한다. 모든 것은 조응correspondance하는 것이라고. 자연physis은 애초에 일자로, 하나로 존재한 법이 없다. 상이한 종들과 이질적인 요소들이 끊임없이 "그리고, 그리고, 그리고"로만 평화롭고 고귀한 활동을 수행한다. 즉, 열거적이고 연언적이며 배분적이다. 포플러 나무가 있고, 개울이 굽이굽이 흐르며, 오솔길은 꼬불꼬불하다. 보들레르는 "자연은 신전(La Nature est un temple)"이라고 했다. 신들은 넘나든다. 거기 세워진 "살아 있는 기둥들"에서 각기 다른 뒤섞인 말들이 흘러나오는데, 그 앞을 지나가는 인간들이 자신들의 익숙한 방식으로, 상징화로 '하나'의 노래를 듣는다.

자연은 다양성 그 자체로 있는데, 인간은 다양성을 다양성으로 파악하지 못하고 분류하고 통합하여 파악한다. 상징화한다. 약호화하는 것이다. 눈앞에 펼쳐진 다양한 실체들을 '자유 연상 조합association libre'으로 지각하고 그 안에 있는 내재적 상동성을 포착하고 여과하여 자신 안에 강렬하게 수용하는 동안 스스로 매혹된다. 강렬한 시선/바라보기regard 또는 관찰/주시observation는 사랑하고 욕망하는 대상에 대한 육식이 이미 진행되고 있음을 폭로하는 과잉 행동이다. 이미 예감되었다. 오르페우스는 에우리디케를 왜 뒤돌아보았는가?

자연과 인간 사이에 언어가, 예술이 있는가? 가인歌人 오르페우스가 우리의 영웅인 것은 그가 에우리디케를 놓칠지언정 리라는 결코 손에서 놓지 않는 음악가 때문인가? 보들레르의 「조응」은 만물이 다양성 자체로 서로 조응하고 있음을 계시하는 동시에 인간 자체가 자신의 감각적 지각 작용을 통해 끊임없이 "상징(화의) 숲(des forêts de symboles)"을 만들며 조응된 향을 흡입하는 탐욕스러운 들숨과 날숨자임을 계시한다. 가장 뛰어난 인간은 자연을 영감하여(빨아들여), 이러한 감각들의 조응을 '리라—예술'로 이뤄낸 자일 수 있다. "호박향, 사향, 안식향, 훈향처럼" 무한한 확산성을 지닌 예술이, 시인이 되어야 한다. 릴케도 말하였다. "오르페우스는 가고 오는 자"다. 이동하는 자, 무한히 넘나드는 자. 정신과 감각도 이동하고, 전이되고, 최면의 상태처럼 흥분·도취된다. 그것이 노래다. 그것이 예술이다.

클로드 레비스트로스는 자신의 미학 에세이 『보다 듣다 읽다』에서 보들레르의 시 「조응」을 환기하기에 앞서 거의 잊혀진 18세기의 한 사상가 미셸 폴 기 드 샤바농을 언급한다. 그는 바이올린 연주자이자 작곡가이며 철학자였는데, 거미에 관심이 많아 거미들이 어떤 장르의 음악에 민감한지 보려고 바이올린곡을 연주해주기도 했다. 그러면서 조응이라는 개념을 폭넓게 사고하게 만드는 놀라운 이미지 하나를 제시하였다.

"거미줄 집 한가운데 자리 잡고 있는 거미가 다른 모든 거미줄과 소통하고 있는 것도, 어떤 면에서는 그 거미줄 하나하나 속에 살고 있는 것과 마찬가지인 것도, 다른 줄들이 거미에게 준 지각을 다른 거미줄에게 전달할 수 있는 것도 바로 이런 식이다."

레비스트로스는 보들레르의 「조응」이 암시하는 시인의 예술적 사명은 단순히 사물을 감각하는 탁월한 감수성을 가지는 것만이 아니라 "향들과 색들과 음들이 서로에게 화답"하는 그것들 사이에 시인이 거미처럼 위치해 그 감각 작용을 조합하는 정신 작용을 가지는 것이라고 본다. 시인은 향, 색, 음을 택해 한곳에 머무르는 자가 아니라 그 사이를 계속해서 오가는 자다. 그 사이의 상관성 지대에서 찰나적인 전율을 음미하며 흥분하는 자다. 부드러운 향기가 중요하고 썩은 향기가 중요하지 않은 것이 아니라 그사이에서 진동하는 어떤 작은 이동을 포착하는 것만이 중요하다. 대기 중에 퍼지는, 날아다니는 향은 가장 강력한 시인이다. 수많은 향의 갈래를 다양성으로 구현하고 있으면서 확산성을 담지한 채 어두운 공허를 그윽하게 맛보기 때문이다. 레비스트로스는 "용어는—음악 용어든 미술 용어든—그것 자체로는 가치가 없다. 중요한 것은 오로지 관계들"이라고 말한다.

구조주의 인류학이라고 지칭되는 레비스트로스 사유의 한 키key가 이 말에서 엿보인다. 명사화, 범주화, 분류화, 서열화보다는 일종의 자유 연합assosiation libre이다. 레비스트로스가 강조한 '관계들'은 논리적·인과적 관계가 아니라 세분을 거부하거나 초월해버리는 원시인의 야생적 사고에 가까운 신비한 결속이다. 그것은 환유적 연상 작용이다. 비현실적이며 신화적인 세계, 그러나 바로 그곳에 생이 있다.

1908년 브뤼셀에서 태어나 2009년에 100세의 나이로 파리에서 사망한 레비스트로스는 인류학이란 인류에게 얼마나 미래가 없는지, 인간은 얼마나 절망 상태에 놓여 있는지를 기꺼이 과학적으로 정밀하게 들여다보는 학문이라고 냉소적 유머로 말한 바 있다. 레비스트로스 인류학이 가장 경계하고 혐오하는 것은 비교 우열의 문화론이다. 현상학이라는 유럽 지성사의 한 '사건'이 암시하는 것도 그것이다. 그간 우리의 문명적 사고는 이성 혹은 개념을 통해 얼마나 의식과 영혼 자체를 물화하고, 체계라는 전체를 만들어 개별적 인식들을 논리화하고 범주화하기에 급급했는가? 우리는 그것을 절감하고 통각痛覺했다. 역사 또는 역사학이라는 체계적 통일성이 인간을 진보주의라는 환각을 끊임없이 좇게 만들면서 오히려 얼마나 미궁에 몰아넣었는가? 하나의 체계라는 세력권 안에서 진보로 대두되는 허상은 다시 새로운 재앙을 만든다.

　20세기 학문에 결정적 영향을 미친 레비스트로스의 구조주의 인류학은 '구조주의'라는 용어로 인한 오해와 몰이해가 있어왔다. 다시 말하지만 레비스트로스는 용어가 중요하지 않다고 단언한다. 그는 철학을 비판하며 철학에 대항하는 인간과학으로서의 인류학을 정초했다. "수시로 변하는 현상 뒤에 숨은 어떤 근본적인 내적 원리"를 집요하게 탐색하였을 뿐인데, 1960~1970년대 프랑스를 비롯한 유럽 지성계는 이런 레비스트로스의 연구 방법론과 정신적 흐름을 철학과 다른 사유 현상으로 받아들이며 레비스트로스를 비롯해 푸코, 라캉, 바르트 등을 구조주의로 분류했다. 그러나 레비스트로스는 그것이 근거 없는 혼합이며 자신의 지적 계보는 에밀 뱅베니스트와 조르주 뒤메질, 장 피에르 베르낭 정도라고 말한다.

　『레비스트로스의 말』은 방송인이자 작가인 조르주 샤르보니에가 레비스트로스와 열한 번에 걸쳐 대담한 방송 내용을 옮긴 것이다. 샤르보니에는 레몽 크노, 미셀 뷔토르, 앙드레 마송, 보르헤스, 마르셀 뒤샹 등도 인터뷰한 적이 있다. 방송 내용을 문자화된 책으로 읽는 이점은 한 작가와 학자의 사상이 구두성을 계기로 우리에게 쉽게 들어온다는 것이다. 레비스트로스의 주요 저작인 『슬픈 열대』 『오늘날의 토테미즘』 『야생의 사고』 『날것과 익힌 것』 『꿀에서 재까지』 『식사예절의 기원』 『벌거벗은 인간』으로 이루어진 신화학 시리즈를 비롯해 『보다 듣다 읽다』와 같은 그의 미학 및 예술론 에세이를 이미 접해본 사람이나 전혀 접해보지 않은 사람도 유용하게 맛볼 사유의 단서들이 이 대담에 많다.

　조르주 샤르보니에는 처음부터 인류학이 무엇인지 모르는 독자 혹은 청취자의 귀를 대변하듯 레비스트로스처럼 학문하는 사람과 학문하지 않는 일반인을 정확하게 구분하면서 이야기를 시작한다. 질문자 샤르보니에는 순수한 듯 무지하게 공격적으로 질문하는데, 답변자인 레비스트로스는 적당히 건너뛰거나 우회하지 않고 자기 시점과 영역을 지켜낸다. 인류학에 대한 오해와 몰이해를 밝히기 위해 오히려 인류학이 취하는 학문적 태도라는 틀을 유지하는 것이다. 두 사람의 대화는 때로 상충하고 병렬적으로 흐르기도 하는데, 이 둘 사이에 흐르는 긴장감과 버티기가 오히려 독자가 느끼는 대담entretien의 진미일 수 있다. 대담이란 서로 가진 것을 놓지 않고 쥐며, 쥐다가 놓치기도 하는 것이니 말이다. Entre-tenir. 그것은 상생적 결투다.

레비스트로스가 샤르보니에의 질문과 때론 그가 잘못 이끌고 가는 흐름에 휩쓸려 들어가지 않고 단호하게 부정하며 버티는 순간은 인류학이 무엇이고 인류학자의 시선이 어떤 것인가 하는 점을 설명할 때다. 인류학은 어떤 대상을 밖에서 바라보며(안에 들어가 있어도 밖에서 온 자일 때는 마찬가지다), 그런 바깥성이라는 한계를 인정하면서도 안에 있는 내적 원리를 추출하는 일이다. 가령 자신의 죽음 아닌 타자의 죽음, 혹은 죽음이라는 유일무이한 내재적 사건에 대한 타자의 외재적·제한적 경험으로 비유될 수 있다.

> "한 개인의 죽음을 바라볼 때 누구에게는 그것이 단순히 사실적 정보일 수 있지만 자기 가족의 죽음일 경우에는 그렇지 않습니다. 외부에서 볼 때 하나의 죽음은 충분히 진부한 사건입니다만 가족과 친척들에게는 하나의 세계가 완전히 무너지는 일입니다."

가변적이고 다양한 현상 뒤에 숨은 무엇인가 근본적인 것, 그것을 정태적 대립 혹은 이분법적 분열 개념을 넘어 인간 의식 심층에 존재하는, 차라리 거의 무의식적이고 비개성적이며 조합적인 이른바 칸트적 무의식의 명료성으로 추출해내는 작업인 것이다. 우주, 사회, 개인, 사고, 언어 · 신화 등이 총동원되어 절대로 완벽하게 이해할 수 없는 '안'을, '실재'를 밖에서라도, 이 '제약 많은 정신'으로라도 바라보려는 또 하나의 열정의 병이라는 것이다.

자신을 평범한 혹은 극단적 칸트주의자로 지칭하는 레비스트로스는 서구인의 분열병을 비판하면서도 이해한다. 사물을 즉각적으로, 무매개적으로 받아들이는 감각성sensible만큼이나 '브리콜라주bricolage'에 가까운 지성성intellect을 레비스트로스가 시종일관 강조하는 것은 지성의 힘을 강조하는 것이기보다 지성이라는 장애물을 비켜 갈 수 없다고 보기 때문이다. 연언적으로만 존재한다고 했던 자연 실재계의 단절된, 불연속적인 것들을 가로 연산적 통합축으로, 세로 층위 승수적 계열축으로 사고하여 논리적 건축물을 지어내는 것이 인간의 사고 구조라고 보고 그러한 방법론으로 수많은 분석을 시도한다. 그러나 레비스트로스는 이 분석 체계의 축조물을 제시하는 것이 목표가 아니라, 이 축조물을 통해 '차이'가 아닌 '닮은 차이', 즉 '다르나 결국 같은' 것을 환기하는 것이 목표다.

가령 토테미즘이 종교라는 신성 체계가 아니라 환유법에 가까운 인간의 정신 작용과 그 소산에 불과한 이유가 이런 식으로 설명된다. "곰은 내 부족이다(ototeman)"라고 말할 때 '곰'과 '내 부족'의 등가 관계는 '등치'가 아니라 '대등'으로 설명되어야 한다. 즉, '곰'이라는 종과 '나' 혹은 '나의 부족'이라는 사회집단이 유사적 연쇄의 '통합축syntigmatique'으로 묶이는 것이 아니라 대체나 치환이 가능한 근접성의 환유 관계, '계열축

paradigmatique'에 각각의 층으로 놓이는 것이다. 달리 말하면, 곰과 나는 a=b의 관계가 아니라 a:b의 관계다. 이것이 바로 '닮은 차이'다. 서로 다른 층위에 놓여 있으면 다르면서 같고, 같으면서 다를 수 있다. 만물은 이런 식으로 실재한다. 흔히 먹을 수 있는 동물이 신성한 토템이 되기도 하고, 먹을 수 없는 동물이 신성한 토템이 되기도 한다. 전자의 경우는 긍정성의 확대고, 후자는 부정성의 확대다. 비교론자는 부정성과 긍정성의 차이를 주목하지만, 인류학자는 이 외연화된 현상 안에 있는 실재, 그 내적 원리를 주목한다. 인류학이 역사학이나 역사철학이 아닌 이유가 직선적 진화성 혹은 진보성을 이와 같이 처음부터 전제하지 않기 때문이다.

원시/현대, 원시예술/현대예술의 문제가 연쇄적 통합성 혹은 진보적 역사성으로 결코 이해되어서는 안 되는 이유도 이런 맥락에서다. 원시에서 문명으로 진화해야 하는 것이 아니라, 우리 안에 이미 원시성과 현대성이 동시에 잠재되어 있고 제시présenter되어 있을 뿐이다. 그것을 거창하게 상징적으로 재현représenter해도 제시라는 어둠 속 찰나의 현현보다 월등한 것은 아니다. 우리는 합리주의적 사고를 하기보다 야생적 사고를 한다. 주술적·신화적 사고를 한다. 끊임없이 은유·환유 관계를 연상함으로써 몽상을 하고 예술을 한다. 예술은 느닷없는 난입이며 교란이다. 예측 불가능한 것을 증가시키면서 허무라는 구멍을 끊임없이 파는 일이다. 이미 실재réel라는 거대한 허무rien가 우리 앞에 놓여 있다. Réel과 Rien은 어원이 같다. 우리는 외부라는 세계에서 몸을 돌려 내부 세계에 똬리를 틀며 그 안에서 전율하고 황홀경을 느끼다가 서서히 잠이 든다.

문자의 발명, 언어의 발명, 예술의 창안, 거의 신석기적인 혁명과 제

압에 가까운 인류의 비약적 용출은 그 이전에 지속적이고 반복적이며 매우 지루하고 느린 불굴의, 너그러운 연속성에 있었다. 천천히 계속해서 '핸들'을 돌리다가 불쑥 한 번 꺾어 일탈하듯 방향 전환을 하는 것 같지만, 결국 다시 원이다. 죽음의 순간에 생이 비약하나, 죽음은 생에 다시 안겨 녹아 흐른다. 인상주의, 입체주의 등의 수많은 사조와 혁명들, 그것은 이 한 번의 핸들 꺾임이며, 생과 사에 바로크적으로 나타나는 천재들과 그들 소산물의 치솟음이다. 그러나 다시 시간은 흐르고, 천재들은 눕는다.

『레비스트로스의 말』을 읽는 동안 파편적이나마 우리가 최종적으로 떠올리게 될 것은 ① 자연과 문화라는 양항의 상관관계 ② 자연에서 문화로 이동하는 경로 중에 이 양항이 어떻게 다리를 벋듯 이어지고 녹아 흐르는지 ③ 그 와중에 특별히 치솟은 표현 행위, 즉 기호 체계이자 상징체계로서의 예술과 언어가 우리의 지성적 상상 공간 속에서 홀연히, 황홀하게 제시됨이다.

예술에서 언어 혹은
메시지를 발견하게 되면
예술은 더 이상
없는 것과 같습니다.

프랑스 파리에서, 1986

우리 안의 인류학자

"저한테도 열정적 성격이라는 게
분명히 있다고 고백할 수 있습니다"

샤르보니에 　클로드 레비스트로스, 당신은 그림과 관객, 작곡가와 청중,
시인과 독자, 더 일반적으로 말하면 예술가와 애호가, 즉 구
매자와 소비자 혹은 무심한 일반 대중의 갈등에 대해 오랫
동안 꽤 많은 말씀을 해오셨습니다. 이는 근본적으로 과학
과 인간의 갈등을 제시하기 위한 것 아니었습니까?
화가와 관객의 갈등을 보자면, 이것은 좀 더 구체적으로 말
해 감수성의 차이 때문에 생깁니다. 그것으로밖에 설명이
안 되지요. 학문하는 사람과 일반인의 갈등이라면, 우선 지
식의 차이, 즉 아는 능력의 차이 때문에 생깁니다. 아마 그
것이 우리 시대에 가장 노골적으로, 가장 잔인하게 표현된
불평등일 수 있습니다. 학문하는 인간은 알고 있습니다. 어
떻게 알아야 하는지요. 우리 같은 사람은 일상적 경험에 대
해 피상적이고 모호한 해석밖에 못합니다. 그런데 학문하는

인간은 갈수록 많은 힘을 발휘합니다. 우리는 정치적 힘을 더 이상 신뢰하지 않습니다. 그러나 학문의 힘은 점점 더 믿고 있습니다. 우리는 정치의 도덕적 양심을 의심합니다. 아니, 더는 관심도 갖지 않습니다. 학자의 도덕적 양심도 의심합니다. 학자들의 연구와 탐색이라는 것도 기이하게 파괴적인 방향으로 나아가고 있으니까요. 그래서 우리는 이를 더 비난합니다. 인류의 순수한 연구로 파괴라는 잠정적 결과를 늘 안고 가게 되었으니 비난할 수밖에 없습니다. 좀 단순화하면, 결국 물리학이 원자폭탄을 만드는 데 일조한 것 아닙니까? 우리는 과학자들이 지식의 알리바이를 만든 점을 비난합니다. 지식이라는 파괴할 수 없는 알리바이. 지식이라는 도식 위에서 모든 것을 할 수 있다면, 사법적으로 보면, 이것은 일종의 권력 남용 아닙니까? 법학자들이 권력 남용이라는 법 조항을 만들었다면, 그것은 권력을 어떻게 사용하는가에서 시작되었다고 봅니다. 그러니 생각해볼 수밖에 없습니다. 지식의 남용 또한 지식의 사용과 함께 시작되는 게 아닌가 하고 말이지요. 나아가 지식인 집단 혹은 지식체 知識體들의 구성을 통해서요.

우리는 학문하는 인간들에게 지식의 행동 범위를 정할 것을 요구해야 합니다. 그 범위를 조절해야 합니다. 그 힘을 잘 측정하면서, 책임하에 지식의 힘을 제대로 의식하고 쓰도록 해야 합니다. 그게 쉽지는 않겠지만요.

선례들이 있습니다. 그렇지만 다 원자폭탄 같은 거 아닙니까? 지금 일어나고 있는 것은 없습니까? 앞으로 일어날 일은 없을까요? 저는 우리 모두가 지식의 공격을 받고 있다는 것을 느낍니다. 우리가 그토록 오래 붙잡고 있는, 인간이라는 이 모호한 개념이 혹여 사라지는 것을 보게 되지는 않을까 걱정입니다.

그래도 지금까지 우리는 학문하는 인간이 도달할 수 있는 범위 바깥에서, 즉 예술 안에서 그나마 은신처를 발견할 수 있었습니다. 예술 안에서 자유라는 영역조차 발견했다고 믿습니다. 어떤 법도 제거하지 못할 분야지요. 거기에는 어떤 법도 적용할 수 없습니다. 우리는 사실 미학 교수들도 좀 우습다고 생각합니다. 예술 영역에서는 숫자 같은 것이 큰 역할을 못합니다. 예술이 가진 특별한 아름다움은 숫자 같은 것으로 통찰하는 게 아니니까요. 이 특별한 아름다움은 인간이기 때문에, 인간적이기 때문에 이해할 수 있는 겁니다. 그건 숫자 바깥에 있는 거예요. 우리처럼 평범한 인간들에게는 종교가 있지요. 어쩌면 그런 겁니다. 인간은 숫자를 벗어납니다. 측정되는 것은 모두 비인간적이며, 측정이 침범하는 곳에 인간은 없습니다. 하지만 개념으로만 보면 그것역시나 모호합니다. 우리가 학문을 한다는 것, 과학을 한다는 것, 각 학과가 이용하는 순수 수학적 양을 가지고 분류·서열화를 한다는 것 자체가 좀 이상한 거지요. 물론 거칠게 요약해서 그렇지만요.

분류하는 걸 지나치게 좋아한다면, 물리학이 우리를 위협한 것처럼 이른바 인문학도 우리를 위협할 수 있습니다. 우리의 선사학·고고학·인류학에 대한 호감은 대단히 생생한 겁니다. 인류학자들은 이미 그것을 말했어요. 인류학자의 지식 양식은 그들이 다루는 대상에 대한 시적인 이해를 내포한다고 말입니다. 만일 예술이, 예술가의 이해 방식이 어떤 경우 지나치게 과학적 방법론을 부각하고 있다면 우리는 지나치게 습관을 정당화하는 셈이며, 우리가 가지고 있는 개념을 굳이 고수하려는 것이라고 이해해도 좋을 것입니다.

우리는 인류학이 단 하나의 엄정함을 추구하는 것은 아니라고 믿고 싶습니다. 가끔은 정밀성을 위해 시적 엄정함을 포기해야 합니다. 그러면 그 분야에서 멀어지는 느낌이 들긴 합니다만 그래도 그렇지 않을 거라고 믿지요.

학자들이 우리와 비슷하다고 믿고 싶기도 하고, 학자들이 일상생활에서는 열정적인 존재 방식으로 살아간다는 생각도 하고, 그러니까 사는 내내 이성적일 수는 없을 것이라는 생각을 합니다. 당연하지요. 가령 정치경제학·사회학 분야를 연구하는 학자를 대면할 때 우리는 알게 모르게 '정치적'이라는 말을 자주 사용합니다. 우리가 '정치'라고 부르는 한 지대 속으로 완전히 빠지는 거지요. 굳이 결론을 내야 한다면 우리한테는 그게 다 하나입니다. 당신도 학자시니까, 이런 과학에 대한 희망을 결연하게 가지고 있을 텐데요. 그런데 역시나 정치 속으로 들어가게 되지 않나요? 당신은 항상 과학적 인간, 학문적 인간입니까? 아니면 비과학적? 혹은 열정적일 때도 있습니까? 저 같은 평범한 사람과 비슷해질 때도 있습니까?

레비스트로스   당신이 저 같은 상황에 놓일 필요는 없을 텐데요. 사실……..

샤르보니에   기꺼이 저도 그런 상황에 놓일 수 있어요.

레비스트로스   그렇다면 계속하지요. 물론 저도 다른 사람들처럼 정치적 입장과 신념이 있습니다. 그게 없을 수는 없지요. 결국 누군가 저에게 그걸 강요하게 되어 있으니까요. 일상적으로, 너무나 짐승 같고 사악한 일이 벌어지는 광경을 보면 정치적 양심이 생기지 않을 수가 없습니다. 그러나 이런 정치적 태도는 제가 인류학자라고 해서 수정되지 않습니다. 저의 정치적 태도는 제 학문 바깥에 있어요. 제 성찰 안으로 거의 침투할 수가 없습니다. 저한테도 열정적 성격이라는 게 분명히 있다고 고백할 수 있습니다. 하지만 어떤 사회를 바깥에서 바라볼 때 유지하려고 애쓰게 되는 객관성과 어떤 상황 안에 있을 때 자기가 속한 사회 내부에서 그것을 바라보는 것, 이 둘 사이에는 쉽게 이동할 수 없는 무엇이 있어요.

"어떤 모순들에 많이 놀랍니다.
어떤 결정 혹은 행동 양식들에 말입니다"

샤르보니에   자세히 설명하지 않으셔도 되고 구체적인 사례를 들지 않으셔도 괜찮지만 학자로서 이런 균열점을 포착하게 되는 경우가 있습니까? '~할 가능성이 있다'라고 결론을 내리지만 '나는 정확히 그 반대로 행동한다' 하는 식이요.

레비스트로스   있습니다. 제가 연구하면서 거의 무한대로 공감하고 애정까지 느끼게 되는 다른 사회를 기준으로 제가 살고 있는 사회를 분석할 때 그렇습니다. 어떤 모순들에 많이 놀랍니다. 어떤 결정 혹은 행동 양식들에 말입니다. 제가 사는 사회에서 제가 그것들의 증인일 때는 화가 나고 분개하기도 했는데, 소위 '원시사회'에서 그 비슷한 것을 보거나 상대적으로 가까운 것을 볼 때는 판단이 서질 않아요. 판단의 밑그림이랄까, 그런 것조차 없습니다. 그래서 왜 그렇게 되는지 이해하려고 애쓰지요. 가설에서 출발하기도 하고 그런 행동 양식들이, 그런 태도들이 나타나는 순간에서 그 설명을 찾으려고 합니다.

샤르보니에   그래요, 저도 그것에 놀랐습니다. 제가 인류학자는 아니지만 인류학자들의 책을 읽을 때, 또 당신의 책을 읽을 때도, 결국에는 원시사회가 무엇이 문제인지 잘 모르겠더라고요. 그게 그렇게 중요하다는 생각도 들지 않아요. 당신 책에서는 식인 풍습, 고문 같은 것들이 어떤 면에서 적법한 것이 되어야만 한다고 보는 것 같습니다. 만약 그 이유들이 이해된다면 현상은 받아들여질 만하지요. 당신이 이 현상을 합법화한다는 뜻은 아닙니다. 다만 독자로서 제가 보기에 거기에는 어떤 지식의 대상이 있다는 느낌이 듭니다. 다른 것 이상으로 열정적인 대상 말입니다. 아마 그것보다 더한 것일지도요. 고통의 대가를 치를 만큼이겠지요.

레비스트로스 그게 그렇게 될 수밖에 없다고 제가 말할 것 같겠지만 사실은 전혀 아닙니다. 우리는 특정 몇 개 부분에만 전문화되어 있어요. 우리가 19세기 말까지 지구에 존재했던 4000여 개의 다른 사회를 전부 알아야 한다고 주장할 수는 없습니다. 그것도 오늘날에는 꽤 줄어들었지만요. 많은 사회가 사라졌습니다. 그러니까 우리는 그 가운데서 선택을 할 수밖에 없어요. 정확하게 말하자면 과학적이지 않은 이유들을 가지고 그것을 해야 합니다. 그 이유들은 우연한 것들입니다. 우리의 이력이 이렇다 보니 이런저런 방향성을 갖게 되는 거지요. 개인적으로 친밀하거나 반감이 드는 이유들을 따라 그런 선택을 하게 됩니다.

저의 저명한 미국 동료인 로버트 로이Robert Harry Lowie, 1883~1957 이야기를 해보겠습니다. 그가 죽기 몇 달 전에 이런 말을 했어요. 제가 그를 예로 드는 것은 그의 저서보다 객관적이고 조용하고 차분한 작품은 없기 때문입니다. 그의 책을 읽고 있으면 자신이 하는 이야기에 아무런 관심도 없는 학자와 마주 앉아 있는 것 같은 기분이 듭니다. 그가 사적인, 어떤 최소한의 주관성도 넣지 않으면서 완전히 객관적으로 사회를 연구하는 학자처럼 느껴지지요. 그런데 로이가 저에게 이런 말을 했어요. 그가 아주 깊이 침투해 면밀히 연구했던 어느 사회에서도 완벽하게 편안함을 느낀 적이 없다고요. 그는 자신이 그곳을 완벽하게 다 이해했다고 생각하지 않았어요. 가령 크로우Crow 인디언은 평원의 인디언으로 깃털 모자를 쓰는데, 그들은 우리 아이들한테도 아직 인기 있는 인디언이지요. 그는 그 인디언에게는 어떤 유보 조항도 없이 바로 공감이 생겼지만 호피Hopi 인디언 같은 경우는 그렇지 않았다고 했어요. 그가 아주 탁월한 저작을 낼 수 있게 한, 바로 그 인디언인데 말이지요. 정확히는 미국 남서쪽의 푸에블로 인디언입니다. 내가 그 이유를 묻자 그는 "몰라요. 하지만 크로우 인디언은 아내가 바람을 피우면 코를 베는데, 그건 그래도 내가 이해할 수 있는 반응입니다. 어떤 의미로는 정상적으로 보이지요. 반면 호피 인디언은 같은 상황에 처하면 기도에 들어갑니다. 신들에게 비를 그만 내리게 해달라고 빌면서, 기근이 모든 공동체를 덮치게 합니다. 이건 좀 이해할 수 없는, 기괴한 태도예요. 말 그대로 머리가 쭈뼛 서는 일입니다"라고 말했습니다.

다시 말하면 로이가 크로우족과 호피족에 대해 탁월한 연구를 했음에도, 그가 두 집단 내부에서 느끼는 상황은 같지 않았다는 겁니다. 인류학자는 이런 종류의 경험을 많이 하게 됩니다.

나도 어떤 고문에 대해 지나치게 자세히 묘사하는 부분을 읽으면, 가령 멕시코 인디언들 혹은 미국 평원 지대 인디언들에 대한 것을 읽으면 불편함을 느낍니다. 우리 사회에서 그 비슷한 사례를 보게 되어도 공포와 심한 경멸감 같은 것을 느끼지요. 그런데 전자의 경우에는, 그런 태도 한가운데 존재하는 실재적인 것, 그런 신앙과 재현의 체계가 무엇인지부터 이해하려고 애씁니다.

브라질 미나스제라이스 주 마샤두 강둑에서, 1938

샤르보니에   인류학자는 특별한 기회의 혜택을 누리는 것 같습니다. 제
가 기회라고 부르는 것은 아마도 선입관 같은 건데요. 당신
같은 인류학자의 열정은 물리학자의 열정과 좀 다른 거 같
아요. 훨씬 더 알맞게 열정을 적용하는 것 같습니다. 연구
방식에 그 열정을 잘 통합한다고 할까요? 연구의 대상이 아
니라 연구 방식에 말입니다. 기저에 이미 하나의 선택이 있
습니다. 인류학자가 된다는 사실, 민족학자가 된다는 사실,
사회에 관심을 갖는다는 사실, 인간이라는 하나의 유형에
관심을 갖고 개입한다는 사실, 그것이 하나의 선택을 전제
합니다.

레비스트로스   우리는 흔히 이런 말을 하지요. "나는 그게 전반적으로 정확
한지 모르겠다." 그런데 우리들 대부분이 그럴 겁니다. 우리
가 민족학을 향해 밀어붙이는 이성, 그것은 우리가 태어난
사회 환경에 우리를 적용하는 것이 어려워서입니다.

"우리가 익숙해져야 하는 모순이 있고,
그 모순과 함께
우리가 단념해야 할 것들이 있습니다"

샤르보니에   제가 표현하고 싶은 것은 정확히 그 개념이 아닙니다. 민족
학자는 아무것도 아닌 것을 얻고자 출발해서는 안 된다는
걸 잘 알아요. 하지만 제가 보기에 인류학적 연구는 자기 안
에 정열적인 인간과 과학적인 인간을 둘 다 살게 하는 일 같

습니다.

레비스트로스 인류학이 우리에게 가르쳐주는 게 그겁니다. 지적인 시각에서 보면 충분히 생경하고 약간 힘든 방식이긴 하지요. 이런 표현이 어떨지 모르겠습니다만, 유클리드Euclid, 그리스 기하학자 방식의 사회학을 착상하는 것을 포기해야 합니다. 물리학자와 천문학자가 우리에게 가르친 모든 현상을, 그러니까 무한히 작거나 큰 현상들이 같은 공간 한가운데 있다고 믿는 것을 포기해야 하는 셈이지요. 다른 사회를 연구할 때는 참조 체계를 바꾸어야 합니다. 그런 일은 충분히 고통스러운 일이지요. 마치 체조를 할 때 아픈 것처럼요. 체조는 직접 몸으로 경험하는 영역이고, 그 경험만이 가르쳐주는 것이 있습니다. 방에서 인류학자가 된다는 것은 생각도 할 수 없는 일이에요. 그건 불가능합니다. 그래서 나는 인류학이란 신체적 체조라고 말합니다. 이런 차원에서 당신이 방금 빗댄 어려움을 해결할 수 있다고는 말하지 않겠지만, 어차피 해결할 수 없는 거라고는 말하겠습니다. 우리가 익숙해져야 하는 모순이 있고, 그 모순과 함께 우리가 단념해야 할 것들이 있습니다. 그 단념 속에서, 그 내밀성 속에서 무엇인가를 느끼고 살 수 있다는 것을 배워야 하지요.

그러나 그게 우리를 물리학자로부터 멀리 떼어놓지는 않습니다. 물리학자는, 주장할 수는 없지만 섬세한 분석을 해나갈 수 있다는 것을 알아요. 아니면 주장은 하더라도 현실의 어떤 양상을 전부 알려고 하지 않습니다. 다른 것을 포착하기 위해서요. 다른 양상들이 앞의 양상을 보완해주거든요. 이런 상황은 민족학자들이 처한 상황과 많이 비슷합니다. 우리는 아주 다른 사회에 대해 동시에 그리고 한꺼번에 사고할 수 없습니다. 우리 사회에 대해서도 그렇습니다. 우리는 우리 사회에 대해 사고할 때 어떤 가치 체계와 참조 체계를 이용합니다. 그러나 다른 사회를 사고하기 위해서는 우리의 이런 체계를 버려야 합니다. 이때 우리 독자들 혹은 청취자들은 우리한테 이런 말을 할 겁니다. "하지만 당신은 결국 두 가지를 비교하게 되잖아요. 이쪽에 좋은, 저쪽에 좋은 참조 체계를 우리에게 제안하게 되잖아요." 자, 이런 면에 있어서도 인류학자는 유리합니다. 인류학자는 어느 한쪽을 택하는 것만이 아니라 어느 한쪽을 포기하는 것에도 익숙한 사람들이니까요.

샤르보니에 민족학자는 멀리 떠나고, 그런 장소로 가고, 어떤 차원에서는 그런 장소를 일부러 택합니다. 구체성 속에서도 사적인 시詩와 비슷한 것이랄까, 그런 것에 지식의 방법을 적용하는 것 같아요.

레비스트로스 그래요. 다시 그 문제로 돌아왔군요.

샤르보니에 제가 보기에 물리학자는 정확히 이런 위치에 있는 것 같습니다.

레비스트로스 왜 그러지 않겠어요? 만일 당신이 두 학자에게 질문하면서, 왜 한 사람은 생물학자고, 다른 한 사람은 수학자인지 알아보려 한다고 칩시다. 생물학자에게서 생생하게 살아 있는 원료에 대한 공감 혹은 호기심 같은 것을, 그 기원이 가끔은 자신의 사적인 이야기로 거슬러 올라간다는 것을 찾지 못할 것 같아요? 이와는 다른 태도지만 역시 아주 깊은 근거를 댈 수 있는 비슷한 것을 수학자에게서는 찾지 못할까요?

샤르보니에 둘 다 열정이라는 이유가 있다는 말인가요?

레비스트로스 네, 같은 열정입니다.

샤르보니에 "나의 시는 우선 거기. 그러니까 내가 간다. 왜냐하면 나의 시가 거기 있으니까. 바로 거기, 구체적으로." 이렇게 말할 수 있을까요?

레비스트로스 제가 틀릴 수도 있지만, 왜 상황이 그들에게 다르고 우리에게 다르다는 식으로 말하는지 모르겠습니다.

브라질 마투그로수 주에서, 1936

원시와 문명

샤르보니에 레비스트로스 씨, 우리가 보기에 학자는 상당히 많은 인내심을 가져야 합니다. 그건 우리가 질문에 대한 답을 학자에게 요구하기 때문이지요. 학자는 우리가 우리에게 질문하는 것처럼 질문하지는 않을 것입니다. 학자는 알기 위해 질문하지요. 우리처럼 평범한 사람은 우리가 가진 관념을 고수하기 위해 질문하는 경우가 많습니다. 우리는 상세하게 설명할 수 없는 어떤 개념, 어떤 고집을 지키기 위해 질문하지요. 인류학자에게 우리가 공감한다면, 그들이 알기 위해 시적인 것을 이용하기 때문입니다. 우리는 알아요. 인류학자는 시를 대상으로 삼는 것이 아니라 우리 사회를 시적으로 포착하는 거라고요. 당신이 쓴 용어를 제가 다시 쓰면, 인류학자는 특별히 우선시된 사회적 질료, 그 질료의 맑고 투명한 수정 같은 상태를, 그리고 멀리 떨어져 있는 사회적 질료를 마치 천문학자처럼 연구합니다.

우리는 우리가 사회학자에 의해 제시되고 표현된다고 느끼지 않습니다. 아주 간단한 이유에서지요. 사회학자는 수치

나 통계를 통해 우리 사회집단의 중간적 행동 양태들을 예견합니다. 그럴 때 우리는 바로 우리의 자유에 대해 의심합니다. 인류학자시니까, 우선 이런 질문을 드리고 싶었습니다. 기능과 구조, 그 근본적 차이는 무엇입니까? 당신의 연구 대상이 되는 사회와 우리가 사는 사회 사이에서 부각되는 기능과 구조 말입니다.

레비스트로스   인류학자가 간혹 받는 질문이자 가장 대답하기 어려워하는 질문을 하시는군요. 너무 어려워서 대답이 가능할지 모르겠습니다. 우리는 결국 우리 지식의 절대적 한계에 닿습니다. 그 질문에 답하기 전에 왜 이것이 어려운 질문인지 먼저 생각해봅시다.

아마 이런 질문은 또 다른 질문을 포함하고 있어서 그럴 것입니다. 우리는 진보 개념에 비추어 모든 인간 사회를 가장 원시적인 사회부터 가장 문명화된 사회로 배열하곤 하는데, 그게 정말 가능하냐는 거지요. 우리는 '원시적'이라는 용어를 사용할 수밖에 없지만, 그건 의미의 편견 없이 쓸 수 있는 정확한 용어를 아직도 찾지 못해서일 것입니다. '훨씬 문명화된'이라는 표현도 쓰지만 이것 역시 마찬가지입니다.

"외부에서 볼 때 하나의 죽음은
충분히 진부한 사건입니다만
가족과 친척들에게는 하나의 세계가
완전히 무너지는 일입니다"

샤르보니에 아, 그게 바로 제가 드리고 싶었던 질문입니다. 뒤에 그런 맥락이 있지요. 그게 유일한 건 아니지만.

레비스트로스 네. 그렇다면 그 각도에서 그것을 공격하면서 한번 시작해 보지요. 가장 큰 어려움은 외부에서 사회를 바라보는 것과 내부에서 사회를 바라보는 게 전혀 같은 게 아니라는 겁니다. 우리가 어떤 사회를 외부에서 바라보면 상당수의 지표와 지수를 가지고 보게 됩니다. 기술적 발전의 정도, 물적 생산의 크기, 총인구수. 그런 식으로 하다 보면 아주 냉정하게 주를 달 수 있습니다. 다른 사회에 다는 주를 가지고 비교를 할 수도 있고요.

그러나 우리가 내부에 있으면, 이런 요소들은 그 사회의 각 구성원에게는 별 의미가 없습니다. 그게 확장되기도 하고 변형되기도 하지요. 가장 문명화된 사회든 가장 원시적인 사회든 실제로 그 안에서는 그런 식의 외부 지표가 중요하지 않습니다. 사회란 모든 종류의 뉘앙스로 가득 차 있으니까요. 상상해보세요. 또 다른 개념 체계인데, 한 개인의 죽음을 바라볼 때 누구에게는 그것이 단순히 사실적 정보일 수 있지만 자기 가족의 죽음일 경우에는 그렇지 않습니다. 외부에서 볼 때 하나의 죽음은 충분히 진부한 사건입니다만 가족과 친척들에게는 하나의 세계가 완전히 무너지는 일입니다. 우리는 결코 한 가족에게 닥친 부고가 정확하게 무엇인지 이해할 수 없습니다. 우리가 그 가족이 아닌 이상 알 수 없지요. 우리의 애도는 그들의 애도에 비할 바가 못 됩니다. 전혀 다른 것입니다. 이런 종류의 어려움은 물리학자들이 말하는 보완성을 상기하지 않고는 해결이 되지 않습니다.

한꺼번에 한 입자의 탄도와 위치를 결정할 수는 없습니다. 마찬가지로 우리는 아마 한꺼번에 하나의 내부 사회를 알려고 할 수도 없고 알 수도 없을 겁니다. 외부에서 다른 사회와 비교하여 그것을 분류하는 방식으로 아는 것뿐입니다. 자, 이것이 어려움입니다.

샤르보니에   인류학의 총체적인 어려움이기도 하지만 모든 지식 양태의 총체적인 어려움이기도 합니다.

레비스트로스   네. 이것은 모든 지식 양태의 어려움이고, 저는 그것을 인류학에서 개별적으로 일어난 일을 가지고 설명하려고 했습니다. 저는 머리말만 꺼냈지만 당신 질문을 회피하려는 건 아니고, 어찌 되었든 대답하긴 해야 합니다. 우리 모두가 제기할 수 있는 문제니까요. 서로 균등하지 않은 사회라도 비교하지 않을 수가 없어요. 자, 오스트레일리아 원주민 사회는 도자기도 없고 편물도 없고 농업도, 길들여 키우는 동물도 없습니다. 우리 사회는 기계화에, 열 동력을 이용한 에너지에, 전기에너지, 또 지금은 핵에너지까지 있습니다. 그러니 사회 간의 차이가 분명하게 보이고, 우리는 그 이유를 이해하려고 애쓰게 됩니다.

샤르보니에   이것을 다 포괄할 수 있는 어휘가 하나 있습니다. 우리는,

달리 말해 큰 사회의 내부에서 사는 인간들은 꼭 학자가 아니어도 편파성 없는 지위를 누군가에게 부여할 때 이런 말을 씁니다. "위대하다." 우리는 이 "크다" "위대하다" 하는 말이 뭔가를 의미한다는 것을 느낍니다.

레비스트로스 객관적으로 말해 현대사회와 우리가 원시적이라고 부르는 민족들의 사회는 같은 크기가 아닙니다. 이것은 그저 하는 말이 아니라 검증된 사실입니다. 괜찮으시다면 거기서부터 출발해봅시다. 우리는 문명을 매우 복잡한 조합으로 여깁니다. 수천 개의 원자들로 이루어진 복잡한 분자와 아주 적은 수로만 이루어진 간단한 분자가 있다고 칩시다. 그것들의 결합 형태에 따라 나타나는 모델은 다릅니다. 크기순이거나 조합의 복잡성순이거나. 두 차이가 있는 겁니다. 그럼 우리가 지금 말하고 있는 사안에 대해서 어떻게 설명할 수 있을까요?

첫 번째 가설을 제안하겠습니다. 악마의 변호사와 내기하는 겁니다. 당장 아무렇게나 말해볼 수 있습니다. 내가 거기에 집착하지 않으니까요. 우선 머릿속에 떠오르는 대로 말해봐야 할 것 같습니다.

룰렛에 중독된 한 노름꾼이 있다고 합시다. 그는 목적이 있는 것도 아니고, 좋은 번호를 뽑으려는 것도 아니고, 다만 아주 복잡한 조합을 구현해보고 싶어서 수십 번, 수백 번을 시도하는 사람입니다. 붉은색과 검은색 혹은 짝수와 홀수 사이에 어떤 교차 규칙이 있는, 아주 복잡한 조합. 그는 이것을 한 번에 구현할 수도 있습니다. 아니면 수백 번 만에, 수천 번 만에, 영원히 못할 수도 있습니다. 그런데 만약 125 번째에 그 조합을 구현한다면, 그 앞의 모든 시도는 결국 거기에 도달하기 위해 필요했던 모든 것이 될 수 있습니다. 바로 그 순간에야 그것을 구현한 것입니다. 좀 더 늦게 될 수도 있고요. 그러나 매번 처음인 것이지 진보가 아닙니다. 성공의 필수 조건이 이어지는 진보성이 아니라 매번 처음 시도하는 한 방, 한 방이었다는 겁니다. 그러면 우리는 아까 당신이 제기했던 문제에 답을 할 수 있습니다. 인류가 이런 복잡한 조합을 구현했고, 그것이 서구 문명이라고 명명되는 것이라고 한다면요. 그것을 현실화하는 데에는 수백만 번이라는 수를 기다려야 했습니다. 그런데 처음부터 그것을 아주 잘할 수도 있었을 겁니다. 혹은 훨씬 뒤에, 아주 나중에 그것을 할 수도 있었을 거고요. 제 말은, 그냥 그 순간이라는 겁니다. 이유는 없어요. 그냥 그렇게 된 겁니다. 제가 이렇게 답변은 하고 있지만 아마 제 자신에게 또 이렇게 묻게 될 겁니다. "만족할 만한 답변이 아닌데요."

"문화란 획득하는 겁니다. 핵심적 획득이지요.
지식을 집적하여 총체화하고 지난 경험들을 이용하는 겁니다"

샤르보니에   네, 만족스럽지가 않군요. 저 같은 비전문가에게는 시간이라는 요소도 중요해 보이는데요.

레비스트로스 네, 저도 동의합니다. 하지만 이 시간이라는 요소도 명확하게 따져봅시다. 시간은 무엇으로 이루어져 있지요? 여기에서는 문화라는 개념을 개입시켜야겠군요. 문화란 획득하는 겁니다. 핵심적 획득이지요. 지식을 집적하여 총체화하고 지난 경험들을 이용하는 겁니다. 그게 바로 문화의 조건 자체입니다. 다소 직감적으로 느끼시겠지만 이게 우리 문명의 기원입니다. 문화적 획득과 정복. 자, 문자 표기에서 모든 게 시작됩니다.

하나의 민족이 앞 세대에 있었던 것을 획득하여 활용할 수 있었다면 그건 그것들이 표기되어 있고 어떤 차원으로 고정되어 있었기 때문입니다. 우리가 원시적이라고 부르는 민족이 정말 아연실색할 정도로 놀라운 기억용량을 가지고 있다는 것을 알 겁니다. 폴리네시아의 원주민들은 수십 세대에 이르는 계보를 머뭇거림 없이 바로 다 암송할 수 있습니다. 물론 한계는 있지요. 그래서 문자 표기가 고안될 필요가 있는 겁니다. 각 세대의 지식, 시험하고 시도했던 것, 행복하거나 불행했던 경험들이 전부 쌓이도록 말이지요. 이렇게 해두면 다음 세대까지 갑니다. 같은 시도를 반복하지 않아도 전에 했던 것을 활용만 하면 됩니다. 기술을 개선하기 위해, 새로운 진보를 이루기 위해. 그 점은 동의하십니까?

샤르보니에 그럴 수 있지요. 아, 그런데 그게 토론이 되는 건지 모르겠습니다.

레비스트로스 그래요? 그렇다면 좀 더 솔깃해지는 게 있습니다. 문자 표기에 대해 말해보겠습니다. 문자 표기의 발명은 시간과 공간 속에서 이루어진 겁니다. 우리는 기원전 4000년에서 3000년 사이에 동부 지중해에서 그게 생겼다고 알고 있습니다. 그렇게 될 수밖에 없는 필수 불가결한 게 있었겠지요.

샤르보니에 그러나 바로 그 순간에, 그 장소에 출현한 문자 표기 현상에 뭔가 특별히 이례적인 것이 있습니까? 비전문가들은 '왜 여기지?' 하고 물을 겁니다.

레비스트로스 '왜 여기지?' 방금 전에 제가 한 말과 반대되는 분위기의 말을 해야 할지 모르겠네요. 그러니까 바로 이 지점에서 새로운 성찰을 해봐야 합니다. 문자 표기는 기원전 4000년에서 3000년 사이에 인류 역사에 나타났습니다. 바로 그 순간 인류는 가장 본질적이고 근본적인 발견을 완성했습니다. 전날에는 없었는데 이튿날에는 있는 것. 이런 것을 우리가 '신석기 혁명'이라고 합니다. 이것은 문명이라는 예술의 발견 속에서 이루어진 것이고 늘 우리 존재의 기초가 된 것입니다. 농업, 가축, 도공, 직물. 인간 사회를 가능하게 만든 전반적인 절차들입니다. 이런 것들이 구석기시대에는 없었습니다. 하루하루 사냥을 하고 열매를 따 먹고 하면서 서서히 축적된 겁니다.

샤르보니에 핸들을 돌리는 것처럼…….

레비스트로스   그래요. 핸들, 아주 정확해요. 우리는 어떤 핵심적 발견물이 갑자기 한순간에 우연의 효과로 나타난다고 생각하는데, 그건 그렇지 않습니다. 농업, 이 예만 봐도 지식의 총체를 대표하는 축적된 경험 그 자체입니다. 세대에서 세대로 내려오면서, 한 사람에서 다른 사람으로 전승되면서요. 이용 가능한 무엇이 되기 전까지는 그렇게 아무도 모른 채 서서히 되어가는 겁니다. 가축들은 단순한 야생종이 아닙니다. 야생에서 길들여진 삶이라는 단계로 넘어온 것이지요. 야생동물은 인간에 의해 완전히 변형되었습니다. 이런 변형은 이용을 위한 기본 조건이기도 합니다. 그러면 시간이라는 기간, 그 지속성, 극히 길고 긴 실험 속의 적응, 이런 것들에 대해 묻게 됩니다. 그런데 여기서 모든 것이 문자 표기 없이도 가능했다는 걸 알아야 합니다.

문자 표기가 진보의 한 조건처럼 나타난 게 아니라면 우리는 본질적 진보, 아마 그것의 개입이 없었다면 인류가 결코 이를 수 없었던 가장 본질적 진보를 잘 보존하고 유지해야만 하겠지요.

샤르보니에   하지만 각각 진행되는 이 진보에 대해서도 같은 문제가 제기됩니다. 저희 같은 비非학자는 왜 이런 진보가 하필 이런 장소에서 일어나지? 하고 궁금해집니다. 시간을 거슬러 올라가면 올라갈수록 같은 질문을 더하게 되고요.

레비스트로스   신석기시대에 대해서라면 문제가 같지 않습니다.

"문자 표기의 출현은 제대로 지역화되어 있어요.
그래서 그것이 무엇과 연관되어 있는지 살펴야 합니다"

샤르보니에   진보의 표현, 출현의 조건들, 그렇다면 문제는 늘 열려 있는
             거군요.

레비스트로스   네. 그러나 신석기 혁명이, 그 제패가 단 한 장소에서, 한순
             간에 이루어진 게 아닌 건 확실합니다. 세계의 다양한 지역
             에서 각각 별개로 나타났다고 보고 있습니다. 이런 조건들
             이 있을 수 있어요. 산악 계곡 속에 있어 자연 관개灌漑의 혜
             택을 받고, 낯선 인구의 침입으로부터 보호되는 인간 집단
             은 상대적으로 신석기 정복을 덜 받았지요. 한편 문자 표기
             에 대해서라면 훨씬 간명해 보입니다. 문자 표기의 출현은
             제대로 지역화되어 있어요. 그래서 그것이 무엇과 연관되어
             있는지 살펴야 합니다. 문자 표기의 발명과 동시에 일어난
             것은 무엇일까요? 그런 조건을 만들어낸 것은 무엇일까요?
             이런 관점에서 검증할 수 있는 것이 있습니다. 문자 표기의
             출현과 함께 항상 그리고 도처에서 나타난 단일한 현상은,
             동부 지중해뿐만이 아니라 원시시대 중국 그리고 아메리카
             지역에서 문자 표기라는 그 초안이 신석기 제패 이전에 나
             타났다는 겁니다. 사회가 계급화되기 시작할 때예요. 이때
             부터 사회가 주인과 노예로 구성되면서 인구의 한 부분이
             다른 부분을 이용하게 됩니다.
             문자 표기를 최초로 어떻게 사용했는지를 보면, 우선 권력

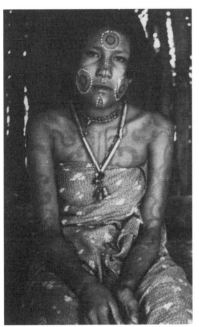

얼굴에 기하학적 무늬를 그린 카두베오족 소녀들, 1936

의 이용과 관련됩니다. 목록, 일람표, 인구조사, 법, 교서 등 모든 사례에 있어서 물리적 재산을 통제하는 것은 혹은 인간 존재를 통제하는 것은, 바로 어떤 인간이 다른 인간에게 자기 부의 힘을 과시할 때입니다.

샤르보니에   권력과 통제.

레비스트로스   권력과 통제, 그 통제의 수단. 우리는 그것을 위해 지금까지 고통스러운 과정을 겪어온 것입니다. 우리는 이 진보의 문제에서 출발했고, 이제 지식의 축적화 또는 지식의 합산화 문제로 다시 돌아왔습니다. 이것 역시나 문자 표기가 존재하는 순간에서 출발할 때만 생각해볼 수 있는 문제 같습니다. 그 기원과 관련해 문자 표기라는 문제가 계속해서 연관이 되는데요. 그것은 인간에 의한 인간 착취에 기초한 사회들에서 나타납니다. 이렇게 되면 이제 진보의 문제는 더욱 복잡해집니다. 한 가지 차원이 아니라 두 가지 차원이 되는 거지요. 만일 자연 위에서 그 제국을 세우려면 인간은 인간을 계속 예속시켜야 하고, 인류가 인류의 한 부분을 대상물로, 즉 사물로 다뤄야만 합니다. 간단한 방식으로 답할 수가 없는 문제입니다. 진보라는 개념이 야기하는 문제에 대해서는 절대 애매모호하면 안 됩니다.

기계와 증기기관

"인류학자가 연구하는 사회는
크고 현대적인 사회라기보다
약간 '차가운' 사회입니다"

샤르보니에   클로드 레비스트로스, 오늘은 원시사회와 현대사회를 비교
해주시기 바랍니다. 그리고 지난 방송에서 드린 질문을 다
시 해보겠습니다. 마지막 분석으로, 이 두 사회의 가장 깊은
차이가 무엇인지 결론을 끌어내보겠습니다.

레비스트로스   그럼 첫 질문부터 가보겠습니다. 어떤 깊은 차이가 있는가?
그 개념에서부터 출발해야 한다고 생각합니다. 사회구성체
한 부분이 다른 부분을 착취하는 데 기초한 사회들 혹은 지
극히 다양한 사회형태 아래에서 그게 구체적으로 나타나기
때문입니다. 현대적 용어를 이런 맥락에서 쓰는 것은 죄송하
지만 결국 민주적 성격을 갖는 사회란 우리가 원시적이라고
부르는 사회이게 됩니다. 요컨대 사회는 기계장치를 닮았습

니다. 여기에는 두 가지 큰 유형이 있습니다. 기계역학으로 움직이는 것과 열역학으로 움직이는 것. 전자는 그 출발부터 제공되는 에너지를 이용하는 것으로 만일 설비가 잘 되어 있다면 별다른 마모나 가열 없이, 이론적으로는 처음에 제공된 에너지를 무한히 쓰면서 계속 기능할 수 있습니다. 반면 열역학 기계는 증기기관처럼 각 부분들 간의 온도 차이 때문에 기능합니다. 보일러와 냉각기가 있습니다. 이 기계는 다른 기계에 비해 엄청난 작업을 요합니다. 자기 에너지를 소비하는 것이므로 점진적으로 그것을 파괴합니다.

인류학자가 연구하는 사회는 크고 현대적인 사회라기보다 약간 '차가운' 사회입니다. 즉 증기기관처럼 '뜨거운' 사회가 아니라 시계 같은 정밀한 기계처럼 '차가운' 사회입니다. 이런 사회는 무질서를 지극히 적게 생산합니다. 물리학자들이 '엔트로피entropy'라고 부르는 것, 그것은 그 초기 상태에서 무한히 자기 자신을 유지하고 보존하는 경향이 있어 역사도 없고 진보도 없는 사회처럼 보입니다.

우리 사회가 증기기관을 많이 사용하는 것은 아닙니다만 구조적 관점에서는 증기기관을 닮았어요. 기능을 위해 잠재력의 차이를 이용합니다. 이것은 다양한 사회적 서열 형태를 통해 구현되지요. 노예제, 농노제 또는 계급분화 같은 겁니다. 우리가 사물들을 멀리서 그리고 넓게 파노라마로 볼 때는 그게 근본적으로 중요해 보이지 않습니다. 그러나 이런 사회는 그 한가운데서 불균형을 만들어내지요. 생산성을 위해 상당히 많은 질서 체계를 이용합니다. 우리는 이미 기계화 사회에 있지요. 동시에 상당히 많은 무질서를 이용하기도 합니다. 인간관계 도식에서는 수많은 무질서와 엔트로피가 보입니다.

샤르보니에 듣다 보니 생각나는 질문이 있습니다. 불균형을 이용했다고 하는데, 개인에게 오는 그 불균형의 파생 결과는 무엇인지요? 또 원시사회와 현대사회 내부에서 '불평등'이라는 단어는 어떤 가치를 갖는지요?

레비스트로스 상당한 차이가 있습니다. 일반화하고 싶지는 않습니다만 넓은 개념으로 이 차이를 도식화할 수밖에 없지요. 그래서 반드시 예외가 생기게 됩니다. 우리가 '원시사회'라고 부르는 것 뒤에는 모든 종류의 사회조직 형태가 있습니다. 원시사회가 우리 사회와 다른 것 이상으로 원시사회 간에도 그만큼 다른 게 있습니다.

카스트를 가진 원시사회가 있습니다. 인도는 원시사회가 아닌데, 일단 문자가 있고 또 인도가 이런 유형의 유일한 사회는 아니기 때문입니다. 그러나 전체적으로 보면 원시사회는 적어도 의식적이든 무의식적이든 구성원들의 분열을 최소화합니다. 서양 문명의 비약적 발전을 가능하게 했던 것이 이 분열인 데 반해서 말입니다. 제가 보기에 그 최고의 증거는 정치조직 안에 있습니다.

상당히 많은 원시사회가 있습니다. 모든 원시사회를 말하는 건 아니지만 세계의 다양한 지역에서 그런 사회를 볼 수 있지요. 그런데 이런 원시사회에서 정치적 사회의 밑그림이 보입니다. 민주적이든 대의적이든 정부 형태의 밑그림이 보이는 겁니다. 전체가 다 모인 회의를 통해 의사 결정이 이루어지거나 귀족, 족장 혹은 제관들, 종교적 수장들을 통해 이루어집니다. 토의를 하고 투표를 합니다. 만장일치제는 아닙니다. 중요한 결정의 순간에는 사회 안에 최소한의 분파가 있어야 합니다. 즉, 선거와 여론조사 같은 과정에서 패배자가 있어야 하는 겁니다. 그들이 맛보는 쓰디쓴 감정이 있어야 합니다. 선택되지 않은 데서 오는 분개 혹은 슬픔 따위가 거의 마법적인 힘을 발휘해서, 선택된 자들에 대한 최종 결과의 평판을 위협할 수도 있습니다.

오세아니아 주의 한 원시사회가 생각나는데요. 그곳에서는 중요한 결정이 이루어질 때 그 전날 또는 그 전전날 일종의 의례로서 전투가 열립니다. 그러니까 모의模擬 전투인 것입니다. 이 모의 전투를 통해 모든 해묵은 갈등과 분쟁을 다 씻어냅니다. 치명적인 선을 넘지는 않지만 가끔 부상자들이 생기기도 하지요. 사회는 이렇게 사전적으로 분쟁을 모두 정화하는 것입니다. 갈등과 분노가 다 제거되어야 그 집단이 신선해지고 젊어집니다. 그런 후에야 비로소 진짜 결정을 하게 되는데, 그럼 거의 만장일치가 되고, 누구에게나 이로운 공동적 대의가 표명됩니다.

샤르보니에　결정에 따라 만장일치가 되는 게 아니라 결정을 하기 위해 만장일치 상태를 만드는 거군요.

레비스트로스   그렇습니다. 필수 불가결한 것으로 여겨지는 만장일치 상태. 집단이 집단으로 영속하기 위해서입니다. 아까 위험과 분열의 위험을 막기 위한 보호 장치에 대해 말했는데요. 불법적이랄까, 은밀한 서열 관계가 사회집단 속으로, 즉 좋은 쪽에 있는 사람들과 나쁜 쪽에 있는 사람들 사이로 들어오는 것을 막기 위해서입니다. 사회는 시계 같은 정밀기계처럼 영속해서 움직이려는 노력을 합니다. 모든 톱니바퀴가 똑같은 활동을 조화롭게 해나가지 않으면 멈추게 되지요. 잠재적인 갈등은 이런 기계 내부에 숨어 있는 게 아니고 늘 들끓는 열기가 있는 원천과 냉각기관이 있는 기계 한가운데에 있습니다.

샤르보니에   말씀하신 것은 장 자크 루소Jean Jacques Rousseau, 1712~1778의 생각과 일맥상통하는 것 같은데요.

레비스트로스   그럴 겁니다.

샤르보니에   장 자크 루소가 정의한 만장일치는 대다수에 의해 내려진 결정을 존중하는 것이고 이런 만장일치는 당신이 정의한 만장일치와 가까운 것 같습니다.

레비스트로스   네, 그래요. 물론 루소는 제가 환기한 예들을 알고 그런 것이 아닐 겁니다. 원시민족의 정치 생활에 영향을 주는 문제는 후대에나 다뤄졌습니다. 당시에는 이들에 대한 충분한 정보가 없었지요. 하지만 루소는 놀랍게도 한 사회의 존재를 결정하는 이론적 조건이 만장일치적 행위라는 것을 꿰뚫어 보았습니다. 가장 미천한 하층민이 그것을 방법적으로 실용하는 것이 원칙이었어요. 루소의 난제는 권리에 기반한 이 만장일치 규칙을 대다수가 참여하는 투표로 이행하려는 순간에 생겼지요.

샤르보니에 루소에게는 수용의 만장일치가 중요했지요. 주권적 통치에 참여하기 위해 개인의 자유는 포기하면서요.

레비스트로스 물론 루소에게 의지의 일반성이란 의지의 전체성이었습니다. 인구 대다수의 의지가 개별적 기회로 다 표현되는 것이었지요. 잠재적이고 지속적인 결정을 하면서 개개인은 집단의 구성원으로 존재하는 것을 받아들이게 되는 겁니다.

샤르보니에 그렇습니다. 우리는 결정에 있어서 만장일치를 보는 게 아니라 정해진 결정을 따르는 것에 있어서 만장일치를 하게 됩니다. 당신이 방금 정의한 것과 많이 다른 것 같지 않군요.

레비스트로스 전적으로 동감입니다. 우리가 지금 머릿속에서 떠올리고 있는 것이 사회계약론이니 하는 말인데, 일반화될 여지가 가장 높은, 가장 심오한 개념을 루소가 『사회계약론』에서 형식화했다고 봅니다. 다시 말해 가장 많은 수의 사회에서 증명될 수 있는 개념이지요. 정치조직에서도 가능하고, 대다수 정치조직의 이론적 조건으로도 가능합니다.

DU
CONTRACT SOCIAL;
O U
PRINCIPES
DU DROIT POLITIQUE.

PAR J. J. ROUSSEAU,
CITOTEN DE GENEVE.

—— *fœderis æquas.*
Dicamus leges.
Æneid. XI.

Suivant la Copie Imprimée
A AMSTERDAM,
Chez MARC MICHEL REY.
M. DCC. LXII.

장 자크 루소, 「사회계약론」, 1762

"우리가 원시적이라고 부르는 사회는
어떤 점에서 엔트로피가 없는
시스템으로 생각될 수 있습니다"

샤르보니에   다만 우리의 사회적 형태와는 좀 많이 떨어져 있습니다. 당신이 방금 말씀하신 우리의 사회형태를 생각해보면 기능을 위해서는 잠재성의 차이가 필요한데, 그렇다면 엄격히 말해 민주주의는 우리 사회에서 불가능하게 됩니다. 기계가 기능하기 위해 이 차이가 꼭 필요하다고 해도요. 만일 사회가 이 차이를 유지해야 하고 그 결과에 따라 사는 것을 원한다면 민주주의는 불가능합니다.

레비스트로스   인류학자의 영역이 아닌 곳으로 저를 끌어들이셨네요. 이 작은 기계에 대해서가 아니라 현대사회라는 거대한 증기기관에 대한 분석을 유도하시니까요. 제가 방금 원시사회를 정밀기계 같다고 정의했지요. 여기서 전부 말할 수는 없지만 어쨌든 제가 방금 스케치하듯 했던 고찰을 이어가봅시다.

자, 이렇게 요약해볼 수 있어요. 우리가 원시적이라고 부르는 사회는 어떤 점에서 엔트로피가 없는 시스템으로 생각될 수 있습니다. 아니면 아주 약한 엔트로피, 일종의 온도 0에서 작동하는 시스템이요. 그러나 이것은 물리학자가 말하는 온도가 아니라 '역사적' 온도입니다. 우리는 이런 사회를 역사 없는 사회라고 표현합니다. 이렇듯 통계적 현상보다는 기계적 현상으로 더 많이 설명되지요. 그런데 인류학자들이 연구 대상으로 삼는 사실들은 훨씬 간단한 것들입니다. 친족 관계의 규칙, 결혼 관계의 규칙, 경제적 교환, 의식과 신화. 이런 것들은 아주 규칙적이고 주기를 완성하는 작은 기계 모델들 같습니다. 기계는 원점으로 돌아가기 전에 여러 단계를 거치면서 자기 주행을 계속합니다.

역사에 있어서 사회는, 가령 우리 사회 같은 경우는 훨씬 높은 온도를 보입니다. 아니, 좀 더 정확하게 표현하자면 시스템 내부 온도 사이에 커다란 격차가 있습니다. 사회적 차별화에 따른 격차예요.

'역사 없는' 사회와 '역사에 따른' 사회를 반드시 구분할 필요는 없습니다. 요컨대 모든 인간 사회는 역사를 가지고 있고, 그것도 각자 아주 긴 역사를 가지고 있습니다. 종의 기원까지 거슬러 올라갈 수 있는 역사입니다. 원시적이라고 말해지는 사회는 역사적 흐름 속에 잠겨 있습니다. 그러나 일종의 불침투성으로 머물러 있고자 애씁니다. 반면 우리 사회는 역사를 내재화하여 발전의 동력으로 삼지요.

이제 서두에서 당신이 했던 질문으로 돌아왔습니다. 즉, 어떤 차원에서 이 차이가 있는 걸까? 그 차이는 절대 축소되지 않는 걸까?

사실 모든 사회가 이 두 양상을 보입니다. 하나의 사회는 하나의 기계입니다. 그리고 이 기계가 노동을 제공해주지요. 증기기관은 엔트로피를 만듭니다. 우리는 그것을 모터, 그러니까 동력기관처럼 생각하는데요. 바로 이것이 질서 체계를 만듭니다. 질서와 무질서라는 양상은 우리 언어 속에서 하나의 문명을 바라보는 두 방식과도 부합됩니다. 하나는 문화, 또 하나는 사회. 문화는 관계 전체를 가리킵니다. 문명이라는 형태 안에서 주어지는 것이지요. 인간은 세계와 말을 합니다. 사회는 관계를 가리키지요. 인간들끼리 맺는 관계 말입니다. 문화는 조직을 만듭니다. 땅을 경작하지요. 집을 건축하고 제조물을 생산합니다.

샤르보니에　그 결과, 사회는 세계와 분리되었습니다.

레비스트로스　그렇지요. 그래도 상호 보완성 속에서 사회는 세계와 함께 남아 있습니다. 인류학자 조제프 아르튀르 드 고비노Joseph Arthur de Gobineau, 1816~1882는 진보와 동시에 생기는 요인이 무질서라는, 이 엔트로피 개념을 가장 먼저 알아챈 사람입니다. 그는 본질적으로 사회를 이 엔트로피로 보았어요. 고비노가 문화와 떨어져 가능한 멀리 있고 멀리 있어야만 하는 것을 '자연적'이라고 본 것은 참으로 놀랍습니다. 그는 문화를 자연 속에 배치했습니다. 물론 종류가 다른 층위 속에요. 명확하게 그 둘을 대립으로 파악합니다. 그러나 그것을 알아본 최초의 사람이다 보니 너무 확대해석을 한 점도 있습니다.

이런 경우 어떤 사회 분야가 엔트로피를 만든다고 할 수 있어요. 우리가 한 사회를 '사회 분야'라고 부른다면 말입니다. 혹은 무질서를 만듭니다. 사회를 만드는 것처럼. 그리고 질서도 만듭니다. 문화를 만드는 것처럼. 거꾸로 말하면 우리가 원시적인 것과 문명적인 것이라고 부르는 것들 사이에 존재하는 차이도 이와 비슷한 것입니다.

원시는 문화에 비해 질서를 더 적게 만듭니다. 우리는 오늘날 그것을 미개발 민족이라고 부르지요. 그러나 이들은 사회에서 훨씬 적은 엔트로피를 생산합니다. 대략적으로 보면 이런 사회는 평등해요. 우리가 조금 전에 말했던 만장일치 규칙에 따라 기계처럼 움직이니까요. 반면 문명화된 곳은 그들 문화 안에서 더 많은 질서와 체계를 만듭니다. 기계화와 문명화라는 대★작품들만 보아도 알 수 있지요. 또한 그들 사회 안에 많은 엔트로피를 만듭니다. 사회적 갈등, 정치적 투쟁. 우리가 원시사회에서 보았던 것과 반대되는 모든 것을요. 원시사회는 우리가 제시했던 것보다 훨씬 의식적이고 체계적으로 자신을 미리 보호합니다.

문명화의 가장 큰 문제는 격차를 유지해야만 한다는 것입니다. 이 격차는 노예제, 이어 농노제, 그리고 프롤레타리아 양산과 함께 생겼다는 것을 앞에서 언급했습니다.

우리 사회는 노동자의 투쟁처럼 어떤 차원에서 서로의 수준을 동등하게 만들려고 합니다. 새로운 차별적 격차를 발견하면서 늘 다시 출발하기도 합니다. 식민주의, 제국주의. 다시 말해 끊임없이 사회 한가운데서 혹은 정복한 민족을 예속시키면서 지배 집단과 피지배 집단 사이의 격차를 만들어내는 것입니다. 이 격차는 늘 잠정적입니다. 결국에는 증기기관이 부동성을 지향하는 것처럼요. 차가운 샘은 다시 덥혀지고, 뜨거운 샘은 그 온도가 낮아지게 됩니다.

차별적 격차는 동등해지는 것을 지향하면서 매번 새롭고 다른 격차를 창조해내야 했습니다. 이것이 사회라는 집단 한가운데서 가장 하기 어려운 일이 되지요. 가장 복잡한 조합을 현실화한 것, 그것이 바로 제국주의입니다. 훌륭한 예시지요. 따라서 말씀하신 것처럼 이것은 불가피한 걸까요? 뒤집을 수 없는 걸까요? 우리 사회에서 진보와 사회적 정의의 현실화는 사회라는 엔트로피에서 문화로의 이전에 달려 있습니다. 제가 너무 추상적으로 말씀드린 것 같지만 철학자 클로드 앙리 드 루브루아 생시몽Claude Henri de Rouvroy Saint-Simon, 1760~1825이 한 말을 제가 반복한 것뿐입니다. '현대'라는 시대의 문제는 인간들의 정부에서 사물들의 행정으로 넘어간 데 있습니다. '인간들의 정부', 그것은 사회입니다. 접중하는 엔트로피, 그것은 '사물들의 행정'이고 문화입니다. 항상 더 풍부하고 복잡한 질서를 창출하려고 하지요.

그러나 미래 사회와 인류학자가 연구하는 사회에는 늘 차이가 있습니다. 거의 양립한달까요. 인류학자가 연구하는 사회들은 역사의 0도에 가까운 온도에서 작동할 겁니다. 그러나 한쪽은 사회 구도에서, 다른 한쪽은 문화 구도에서요. 우리가 산업 문명은 비인간적이라고 말할 때 좀 혼잡한 방식이긴 하나 우리가 표현하는 것, 우리가 지각하는 것이 바로 그겁니다.

정통성에 대하여

샤르보니에   제가 제대로 이해했는지 모르겠지만 원시사회 내부에서는 집단들 사이에 단절이 그렇게 있을 수 없다는 거지요? 부유함의 차이는 있겠지만 그 사회를 지배하는 불평등은 우리 사회를 지배하는 불평등과 같은 것이 아닐 테지요.

레비스트로스   최상의 예가 되는 것으로 우리가 어디로 분류해야 할지 정확히 알 수 없는 사회가 있습니다. 하나의 범주가 있긴 한데, 문자 없는 민족, 그런데 그곳에는 경제적 착취의 밑그림이 그려져 있습니다. 태평양 캐나다 연안에 있는 한 원주민 사회가 그렇지요. 그곳 원주민들은 어마어마하게 큰 돛대를 가지고 있어요. 거의 토템이지요. 그래서인지 우리에게도 익숙해요. 이 사회에는 노예제가 있습니다. 당연히 한 계급의 이익을 위해 다른 계급을 소비하는 부의 축적도 있어요. 따라서 신중해야 합니다. 대립을 시키려면 원시사회의 모든 유형이 아니라 몇몇 극단적인 형태만 놓고 해야 해요.

샤르보니에   원시사회에서는 생각할 수도 없는 특별한 유형의 격차가 우
리 사회에서 나타나지 않나요? 집단 내부에 단절이 나타나
는데, 단순한 차이가 아니라 심각한 단절이나 경제적인 면
에서 계급 간의 구분도 있고요.

레비스트로스   무슨 말씀이신지?

샤르보니에   그러니까 대다수의 큰 나라, 가령 미국이나 프랑스 같은 나
라에서는 어떤 두 집단 사이에 큰 단절이 있습니다. 생산에
만 전념하는 부분과 문화의 진정한 고양에만 전념하는 부분
이 정확히 구분되어 있지요. 이런 격차는 우리의 사회적 형
태에 의해 결정된 것일까요? 이런 격차를 메울 수 있는 것
은 어떤 것도 없나요? 우리 사회의 기능에 그것이 필수적인
가요? 부조화가 있는 것 같아요. 우리가 관찰할 수 있는 불
일치도 있고요. 프랑스나 미국의 예를 들어보면, 물론 다른
나라들도 있겠지만 검증할 수가 없으니…… 우선 프랑스와
미국만 봐도 특징적으로 볼 만한 부분이 있거든요. 어떤 개
인에게는 있는 의식이 다른 개인에게는 전혀 없다는 겁니
다. 다들 이를 뚜렷하게 분리해서 말해요. 몇몇 소수에게 지
식이 있다면, 다른 사람들에게는 그런 지식이 너무 멀고 복
잡해 보이기만 하거든요. 그러나 이렇게 설명하는 것은 너
무 단순화한 감이 있습니다.

레비스트로스   그건 서열화라기보다 전문화인 것 같습니다. 원주민 사회에

서는 그 두 가지 예를 모두 발견할 수 있어요. 인구 전체가 훨씬 더 충만하고 완전한 방식으로 집단 문화에 참여합니다. 그게 우리들만의 사례는 아니에요.

"존중의 대상이면서 동시에 두려움의 대상이고,
찬탄의 대상이면서 적대감의 대상입니다"

샤르보니에　다른 집단들도 생각해볼 수 있겠지요. 제가 꼭 프랑스의 예로 국한하려는 것은 아니고요. 전체적으로 보면 우리 집단은 문화를 퍼뜨린 사람들도, 그 문화를 정교하게 만든 사람들도 서로를 알아보지 못해요.

레비스트로스　그래요, 그럴 겁니다. 말씀드리자면 두 가설은 현실화되어 나타납니다. 문화에는 집단적 참여가 있어요. 종교적 의식이나 축제, 춤. 이런 건 우리가 원시적이라고 부르는 사회에서 큰 비중을 차지하지요. 그만큼, 아니 가끔은 그보다 더 많이 생산에 전념하는 활동도 있습니다. 현자들, 사제들, 종교 지도자들은 하나의 생활양식, 하나의 행동 지침의 구현이자 예시입니다. 우주를 이해하는 하나의 방식이지요. 전체 속에서는 한 집단에 있는 사람들이지만요. 오늘날 우리는 당신이 묘사했던 상황과 정반대에 처해 있습니다. 그러나 다른 사례를 생각해봅시다. 가령 아프리카 사회 또는 어떤 목가적 사회의 대장장이 카스트들. 대장장이는 동물이나 식물과 관계를 갖는 게 아니라 지구 내부에 있는 광석이나 불과 관계를 갖습니다. 그들은 다른 집단의 지식 소유자들과는 다른 질서 체계가 부각된 지식과 기술의 소유자들입니다. 결과적으로 이들에게는 특별한 위상이 부여됩니다. 존중의 대상이면서 동시에 두려움의 대상이고, 찬탄의 대상이면서 적대감의 대상입니다. 우리 사회의 어떤 특별한 전문가들의 위상과 닮지 않았습니까?

샤르보니에 그 전문가들을 다 없애려는 의도에서 그런다는 겁니까? 아니면 그 존재성과 필요성을 전적으로 인정하면서 그런다는 겁니까?

레비스트로스 아, 그러고 보니 정말 애매모호한 감정이 드는 부분이 있는데요. 신문에서 이런 기사를 보고 아주 놀란 적이 있어요. 원문은 보지 못했는데, 미국에서 최근 실시했던 설문 조사의 결과입니다. 청소년들을 대상으로 한 조사입니다. 청소년들이 '학자'(당시에 학자란 원자물리학자를 뜻했습니다)에 대해 가지고 있는 이미지를 알아보기 위한 거였지요. 그런데 이 이미지와 거기에 부합하는 태도에는 일종의 두려움과 혐오(여자아이들은 절대 과학자와 결혼하지 않겠다고 하더군요)가 같이 들어 있고, 또 거의 종교적이고 신비한 것에 대한 찬미가 숨어 있는 것 같았습니다. 이런 태도는 우리가 원시사회에서 대장장이 카스트를 보면서 관찰했던 것과 비슷합니다.

샤르보니에 좀 서툴러도 양해해주시길 바라며 인용을 하나 해보겠습니다. 한 가지가 저한테는 참으로 놀라웠습니다. 고비노가 그의 글에서, 한 인물에게 이런 말을 하게 합니다.(그 인물이 다른 사람에게 하는 말이지요.) "그는 학자의 작고 더러운 아가리를 가지고 있어." 여기에 어떤 특징적인 게 있다는 생각이 듭니다. 고비노가 학자라고 했지만 이 말은 꼭 '학자'라고 들리기보다 '사고의 양식을 퍼뜨리는 자들'이라고 들리더군요. 그러니까 예술가, 시인, 작가 등 우리가 소위 '지식인'이라고 부르는 사람들 전부요. 갈수록 그들은 우리 사회에서 분리되어 요새화되는 것 같습니다. 그들이 문화를 전파하지만 그 사회의 다른 집단들은 문화가 이런 소수에 의해 만들어진다고는 생각하지 않습니다. 그래서 이런 집단들은 소수를 거부하고, 결국 둘 사이의 단절은 점점 심각해지고 있어요. 경제적 구도에서 나타날 법한 것보다 훨씬 완고하게 말입니다. 경제적 구도에서는 서로 일률적으로 되려는 경향이 있지요.

레비스트로스   그건 같은 성격이 아닙니다. 분명 아닙니다.

샤르보니에   이런 두 번째 단절은 우리의 사회형태 때문에 생긴 겁니까? 우리 사회가 기능하기 위해서는 의무적인 조건입니까?

레비스트로스   아, 그건 죄송하지만 증명할 수가 없어요. 제 역량 밖이라서 답변을 드릴 수가 없습니다. 우리가 원시적이라고 부르는 사회에서 예술가가 갖는 역할과 위상에 대해서만 봐도…….

당신은 예술가를 대단하게 보는 것 같아요.

샤르보니에   아닙니다, 그건 아니에요!

레비스트로스   들어보세요, 그래도 큰 차이가 있다면 학자는, 만일 좋은 학자라면 실질적으로 한 직업에 종사하는 셈입니다.

샤르보니에   예술가도 직업에 종사하는 거지요. 거기에 끼워집니다. 보들레르도 그렇고요.

레비스트로스   아니, 꼭 그런 건 아니죠.

"우리가 알고 있는 건,
표면적으로 나타난 것을 가지고는
어떤 것도 알 수 없다는 겁니다"

샤르보니에   보통 그런 말은 하지 않지만, 착생이라는 말이 더 맞는 것 같기도 하고요.

레비스트로스   제게 비교를 하라고 하셨는데요. 그러나 제가 인류학자라면 만일 어떤 특별한 사회의 상황에 대해, 아무리 우리 사회와 같은 경우라도 다른 사회를 관찰해서 나온 것을 기초로 분석하면 안 됩니다.
게다가 우리는 예술가가 무엇인지 잘 알지 못합니다. 우리가 원시적이라고 부르는 사회에서는 그게 학자처럼 생각될 수도 있습니다. 우리가 알고 있는 건, 표면적으로 나타난 것을 가지고는 어떤 것도 알 수 없다는 겁니다. 표면은 시시각각 변화합니다. 만일 제가 태평양 연안 캐나다에 있는 이 사회만 가지고 말하면, 제가 방금 환기해드린 것처럼 우리는 전문화된 예술가들을 가지고 있는 셈입니다. 이 전문가들은 이름이 있고 명성이 있고, 그러니 귀족들은 그들의 조각과 회화 작품들을 주문하겠지요. 지불할 수단이 있으니까요. 우리 시대에는 지불을 한다는 것이 그만큼 그 대상을 귀중하게 여긴다는 뜻입니다. 앙리 마티스Henri Matisse, 1869~1954, 파블로 피카소Pablo Picasso, 1881~1973의 작품은 은화 같은 것으로는 안 되고 노예 혹은 부동산 같은 걸 지불해야 할 겁니다. 이런 상황을 우리가 관찰한 다른 지역의 상황과 비교해봅시다. 다른 지역에서는 예술 생산이 가장 주요한 부분입니다. 뉴기니의 세픽 강 연안에는 아직 그런 사회가 있습니다. 그곳에서는 모든 사람이 조각가입니다. 재능이 다 같지는 않지만 상대적으로 미숙한 자도 조각을 하는 겁니다. 무슨 말인가 하면 우리가 박물관에 전시하는 오브제objet 정도는 그들 모두가 생산할 수 있었다는 겁니다. 자, 아시겠습니까? 미적 생산물의 아주 다른 형태들이 관찰될 수 있었다는 겁니다.

샤르보니에　우리가 보기에 진보는 어떤 의미를 갖는 듯하고, 결국 우리는 거기에 의미를 부여할 수밖에 없는데요. 당신이 연구하는 사회 내부에는 그런 게 없습니다.

레비스트로스   그렇지요.

샤르보니에   그것은 정말 말 그대로 아무 의미가 없습니까?

레비스트로스   물론입니다. 없어요. 이런 사회에서 미적 생산물을 만드는 본질적 목표는 선대에서 그 사회에 제도적으로 만들어놓은 것을 보존하고 지속시키는 것입니다. 그게 단 하나의 의미라면 의미입니다. 조상들이 그것을 했으니까 하는 겁니다. 다른 의미가 없어요. "우리는 그냥 이렇게 해왔어요." 우리가 어떤 제도 혹은 인습의 의미에 대해 그걸 알 만한 사람에게 물어보면 어김없이 듣게 되는 대답입니다. 있었으니까 있다는 겁니다. 다른 합리화가 없어요. 그 정당성은 지속성에서 나옵니다.

샤르보니에   그렇다면 우리 사회에서 진보란 변화 발전을 의미하는 건가요? 그 이상은 아니고요?

레비스트로스   네. 그러나 우리 사회는 잠재성의 차이로 인해, 내적 격차로 인해 움직입니다.

샤르보니에   그러나 우리 사회에서 진보는 전부 결정된 것 아닌가요? 벗어날 수 없는 것 아닌가요? 지식의 발전으로 인해 전반적으로 기능하는 것이고 지식에 의해 전체적으로 다 결정되었잖아요. 지식과 지식의 방법 속에 결정론이 들어 있는 거지요.

안 그러면 어떻게 하겠어요?

레비스트로스 그것도 사례가 되는 것 같습니다. 어떤 진보에 대해 찬성인지 반대인지 둘 가운데 하나만 공개적으로 선언하라고 하면 그럴 수 있어요. 문제는 요즘 원자에너지의 발전과 관련되어 생깁니다. 대다수가 이런 말을 합니다. "아니요. 진보하지 않는 게 좋습니다. 지금 상태로 있는 것이 나아요." 자동차를 소유하는 것도 그 자체에 이점이 있는 게 아니라요. 많은 사람들이 자동차를 가지고 있는 사회에서는 자동차를 부득이 소비해야 합니다. 다 가지고 있으니까 나도 가져야 하는 겁니다. 그러나 만일 모든 현대인이 자동차를 포기한다면, 나 역시 마음 놓고 쓰레기장에 갖다 버릴 수 있습니다.

샤르보니에 그렇지요. 제가 인류학에서 좀 멀어진 건 알아요. 하지만 저 같은 비전문가는 이런 질문을 할 수밖에 없어요. 어떻게 인간은 우리한테 달려 있는 게 아니고 그저 지식 자체에만 달려 있는, 내게는 그저 피할 수 없는 과정에 불과한 것에 이처럼 완전하게 개입을 당할 수 있는가? 가령 저는 관대한 이타성이라는 상황처럼 관습적으로 생각하는 모든 상황을 고려해봅니다. 그런 건 늘 허망합니다. 전혀 쓸모도 없습니다. 전에는 인간적 이타성으로 정복했던 것을 지금은 경제적 진보 혹은 기술적 진보로 정복하지요. 사실 어떤 것은 그 자체로 절대 얻을 수 없습니다. 결국 하나의 시장을 만들어야 합니다. 그런 장소에서 사람들은 필요한 재산을 처분할 수 있습니다. 그러나 시장의 조건이 만들어지지 않으면, 인간의 권리라는 이름으로 이 선善을, 그러니까 시장을 요구하게 되지요. 그렇지 않으면 결코, 결코 그 혜택을 받을 수가 없어요. 모든 분야에서요. 이런 추론을 다른 분야로 옮겨봐야 합니다.

레비스트로스   인간 앞에서 인간의 무능이라니. 거시적으로 보면 이게 다 현대의 거대한 인구 팽창과 연관되어 있다고 생각하지 않으세요? 작은 사회, 수만 명으로 구성된 작은 집단은 한계가 있고, 수십만 명으로 된 집단은 그 조건에 대해 성찰할 수 있어요. 그것을 개선하기 위한 양심적이고 성숙한 결정을 할 수 있어요. 우리가 무능력한 게 아니라 너무나 많은 인간 무리 속에 살고 있으므로 무능력해지는 겁니다. 우리는 더 이상 국가라는 문명 체제하에 있지 않아요. 우리는 점점 더 크기를 키워 세계적 문명화를 실현하려고 합니다. 이것은 크기 차원에서 보면 또 하나의 새로운 질서예요. 이렇게 크기와 범위가 변화되면서 사회는 통제 불가능한 것이 되었습니다.

샤르보니에   그렇지요. 동시에 이런 인구 증가는 어떤 차원에서 권력을 증가시킵니다. 그런 문제들은 계속해서 많은 사람들이 성찰하고 있어요. 당신이 제기한 어려움이 무엇이건 간에 그것이 유일한 문제는 아닐 겁니다.

레비스트로스　저도 정확한 답을 드릴 수가 없어요. 아니, 아무도 당신에게 답을 드릴 수 없을 겁니다. 다른 사람도 그렇지만 인류학자는 더더욱 그렇습니다. 인류학자는 연구하고자 하는 사회와 다른 사회의 차이를 발견하기 위해 노력을 합니다. 문자가 있느냐 없느냐, 역사적 범주가 있느냐 없느냐. 문제의 사회에게는 이런 것이 필수 불가결한 하나의 양식처럼 보이지만 꼭 그럴까요. 원시사회는 과거가 없다고, 나는 절대로 말하고 싶지 않아요. 이런 사회 구성원들은 역사의 범주를 불러낼 필요조차 느끼지 않아요. 그것은 그들에게 텅 빈 의미입니다. 그도 그럴 것이, 애초에 존재하지 않았던 어떤 것이 있으면, 그들 눈에 그 어떤 것은 부당한 거예요. 반면에 우리는 그 반대입니다.

샤르보니에　그 반대라…….

레비스트로스　여기에 또 다른 범주를 넣어야 합니다. 그것은 실재, 사회 그 자체, 상호 관계에서의 실재입니다. 이 사회에서는 실제 인원들이 어쨌든 실질적으로, 법적으로 서로가 서로를 압니다. 반면 인구가 어떤 수 이상이 되면 그것을 분명하게 아는 것은 불가능해집니다.

"우리는 차이가 존재한다는 것을 잘 알아요.
다만 정도에 의한 것이 아니라 본성이 다른 거지요"

샤르보니에　　우리 사회에서는 '알다'를 '인정하다'로 바꿔야겠군요. 우리 사회에서는 '지식'의 어떤 유형을 유지할 수 있습니다. 내가 제일 잘 아는 것도 인정하지만 그만큼 모르는 것도 인정합니다.

레비스트로스　　우리는 차이가 존재한다는 것을 잘 알아요. 다만 정도에 의한 것이 아니라 본성이 다른 거지요. 성질이 다른 겁니다. 시의회의 운영과 의회의 운영은 다릅니다. 첫째, 결정은 어떤 이데올로기의 내용에 따라서 이루어지는 것이 아닙니다. 그것은 가령 피에르, 폴, 자크, 그러니까 아무개가 생각하는 것이나 지식에 따라 다릅니다. 특히 그것들이 구체적이고 실제적일 때 말입니다. 이런 전반적인 방식으로 인간의 행동을 포착할 수 있습니다. 중요한 것은 역시나 개념들이지요. 그러나 그 개념들은 작은 공동체, 각 구성원의 역사를 통해 해석될 수 있습니다. 그 가족의 상황, 직업적 활동, 그 모든 것이 인구의 어떤 수를 넘어서면 파악이 불가능해집니다. 내가 어딘가에서 '정통한 정도niveaux d'authenticité'라고 부른 게 그겁니다. 우리 사회에서도 정통한 정도는 존재합니다. 기관이나 비기관이나 각 개인들은 자기만의 구체적인 지식을 갖고 있어요. 그러나 동시에 비정통한 정도도 증가합니다. 우리 인간들은 중간의 매개체 또는 중계에 의해 나뉘거나 합해집니다. 여러 부서가 모여 있는 행정기관 같거나 다양한 이념의 꽃송이가 한데 묶여 있는 꽃다발 같습니다. 만일 인류학자에게 감히 개혁가 역할을 하라고 하시면 이렇게 말할 겁니다. "수천 개의 사회에 대한 우리의 경험은 당신에게 도움이 될 수 있습니다. 바로 당신에게, 오늘날 인간들에게요." 그리고 아마 모든 도식으로부터 벗어날 것을, 탈중심적이 될 것을 권장할 겁니다. 정통한 정도로 봐도 사회적·경제적 활동의 상당수가 이 정통한 정도에서 완성이 됩니다. 집단은 서로 구체적인 지식을 갖고 있는 인간들로 구성됩니다.

샤르보니에 이런 개인들의 구체적 지식은 어떤 차원에서는 모든 사람에게 유효하고, 가능한 정통성을 되찾게 하는 인간의 신화를 만들어냄으로써 보상될 수 있습니다.

레비스트로스 그러나 용어들 사이에 모순이 있네요. '신화'라는 단어와 '정통성'이라는 단어는 서로에게 거슬립니다.

샤르보니에 아, 알겠습니다. 그래서 제가 어떤 차원에서 보상이 된다고 말한 겁니다.

레비스트로스 아니에요! 신화, 그건 근본적으로 비정통적인 것입니다. 이 정통성은 개인들이 가지고 있는 지식의 구체적 성격을 통해 정의한 것이지요. 신화보다 추상적인 건 없어요. '~할 것 같은 것'도 아니에요. 신화는 여러 제안들을 빚어서 하나로 만들지요. 그것을 분석하려면 상징 논리의 도움을 받아야 합니다. 까닭 없이 괜히 그러는 건 절대 아니고요. 용어를 비전문적으로 사용한다고 해도 말입니다. 결국 신화와 현혹은 비슷한 단어입니다.

샤르보니에   서로 근접하는 것, 그래요. 그러나 탈중심에 어느 정도 이를 수 있느냐 하는 것은 인간 집단의 의연한 성장이 고려된 다음 아닌가요? 당신이 말하는 구체적인 관계의 수립을 예견할 필요가 없어요. 따라서 그것을 몇 가지로 대체해야 해요.

레비스트로스   그래요. 그러나 인류학자의 역할은 거기 있는 게 아니에요. 당신에게 크게 양보해서(글로 써서 그것을 하고 싶지는 않은데, 말로 하면 많은 것을 그냥 말하게 되지요. 글로 쓰지 말아야 하는 것까지요) 개혁자한테 손을 내민다고 해도 그 손가락 끝이나 겨우 닿을 겁니다. 무엇이 가능할까요? 저는 아무것도 모릅니다. 인류학자는 우주 만물의 힘에 의해 거대한 사회학적 경험과 철학적 경험의 부당한 수탁자가 됩니다. 우리가 원시적이라고 부르는 사회 혹은 문자 없는 사회는 서서히 희미해지고 있어요. 우리 역할은 존재할 수 있는 것을 모두 보존하는 것이었습니다. 당신이 저에게 "어떤 교훈을 끄집어내시겠습니까?" 하고 묻는다면 저는 당신에게 있는 그대로 받아들이라는 말을 하겠습니다.
이제 이 교훈은 오늘의 인간에게나 소용되는 걸까요? 아니면 내일의 인간에게? 그건 나도 몰라요!

예술과 집단

샤르보니에 이른바 원시적이라고 말해지는 사회의 예술과 현대 예술, 그러니까 현대적인 예술이 아니라 현대 시대 예술의 차이를 인류학자는 어떻게 보나요?

레비스트로스 우선 다소 모호한 '현대'라는 개념부터 정리할 필요가 있어요. 인류학자라면 5세기 그리스 예술이나 이탈리아 회화, 특히 시에나 학파의 미술에 대해서는 완전히 편안함을 느끼고 익숙하게 생각하지요. 그건 좀 낯선 인상이 들어도 금세 내 발 아래 들어오기 시작하는 영역입니다. 각각의 역사적 차원에서도 이런 것은 상대적으로 '현대적' 형태지요. 이런 것과 예술 혹은 원시예술과의 비교를 시도해야 합니다.

그 차이는 두 가지 체계에 따라 생깁니다. 하나는 우리가 예술품 생산의 개별화라고 부를 수 있는 것이고, 다른 하나는 점점 더 구상적 또는 재현적이라고 부를 만한 성격의 것입니다. 여기서 명확한 설명이 필요합니다. 제가 예술 생산의 개별화라고 할 때 그것은 개인, 즉 창작자인 예술가의 개성을 말하는 것이 아닙니다. 우리가 그 시대로부터 멀리 떨어져 있어 제대로 알 수는 없지만, 우리가 원시적이라고 부르는 사회에서 예술가는 이런 성격을 지니고 있습니다. 아프리카 조각품에 대한 최근의 연구 작업을 보면 그것을 알 수 있어요. 이 원시사회의 예술가는 잘 알려져 있습니다. 둥글게 모여 앉아 있는 무리에서 간혹 제법 멀리 떨어져 앉아 있는 축이라도 말이에요. 당시 관객은 가면 또는 조각 제작자의 고유한 스타일을 바로 알아보았습니다. 그런데 현대 예술을 보면 창작자가 아니라 고객의 개별화가 늘어났다는 게 문제가 됩니다. 예술가에게 기대하는 것이 점점 없어져요. 오히려 미의 기준에 들어맞는 어떤 오브제의 스타일을 예술가에게 주문하는 격이지요. 현대사회 집단에서는 예술가보다 아마추어, 즉 예술 애호가에 대한 기대가 더 많아졌습니다. 우리 사회 혹은 우리 아마추어 집단을 매우 다른 사회와 비교하면서 이런 용어를 쓰니 좀 어색하겠지만 말입니다.

"예술품은 예술가의 관점보다
고객의 관점에서 개별화됩니다"

샤르보니에   우리 시대에 예술이 아마추어들의 전유물처럼 된 데에는 여러 이유가 있습니다. 우선 집단 내부에 단절이 있어요. 우리 집단 내의 일부는 예술 작품에 대해 전혀 관심이 없지요. 아니면 수준이 낮은 것만 좋아하고요. 여기에는 경제적인 문제가 있어요. 우리 사회에서 예술 작품은 아주 귀중한 것입니다. 그러니 모든 사람이 접근 가능하지 않아요. 가끔 이런 현상을 원시사회에서도 확인할 수 있습니까? 원시사회에서는 모든 사람이 예술 작품에 사적인 접근을 할 수가 있습니까?

레비스트로스 그건 여러 경우가 있어요. 원시사회에서도 제가 조금 전에 언급했던 사회경제적 현상들이 나타납니다. 그래서 예술가들은 비싸도 그것을 지불할 수 있는 사람 또는 부가 있는 집단을 위해 예술 작품을 만들지요. 이런저런 예술가의 생산물을 보유하고 있으면 큰 위엄과 영예가 생기고요. 이건 당연한 것처럼 보이지만 꽤 특별한 겁니다. 방금 사회적 서열 문제를 제기하신 건 옳습니다. 이 이야기는 지난번에 역사의 진보와 위상에 대해 이야기할 때도 나왔지만 또 나오는군요. 우리는 역사가 어떤 사회 내부에서 하나의 범주이며 양식이라고 했는데, 역사에 따라서 서열화 사회가 포착이 되는 것이지 모든 인간 집단 가운데 당연하게 존재하는 하나의 환경은 아니니까요. 이런 비슷한 개념을 또 보게 될 겁니다.

그런데 이런 설명에 무조건 수긍을 하고 싶지는 않아요. 그것을 불쑥 받아들이는 것보다는 우회해서 거기 이르는 게 훨씬 설득력 있으니까요. 자, 지금까지 제가 두 성격에 대해 이야기했는데, 그것을 다시 말해보겠습니다. 예술품은 예술가의 관점보다 고객의 관점에서 개별화됩니다. 그들은 작품이 점점 구상적, 즉 구체적인 재현성을 갖는 것을 선호하지요. 원시사회의 예술 집단에서는 기술이 너무 초보적이어서 예술가가 사용할 수 있는 기술의 수단에 따라 차이가 납니다. 또 원료나 질료의 저항성도 극복해야 하고요. 그런 어려움이 있다 보니 이렇게 말할 수 있을지 모르겠지만, 의식적으로는 원하지 않아도 실은 더 자주 그것을 무의식적으로 원하게 되는 상황이 옵니다. 예술가가 예술품이라기보다 단순한 복제품을 만들게 되는 이유가 그런 거지요. 자기가 만든 모델을 고스란히 재생산하거나 그걸 거부할 수밖에 없어요. 따라서 재생산된 작품이 의미를 띠고 있다고 말하기는 어렵습니다. 예술은 재현이라기보다 그저 신호 체계로 나타나게 되지요. 자세히 보면 여기서 두 가지 현상이 나타납니다. 예술품의 개별화, 그리고 작품의 의미 기능 약화와 상실. 반면 이 두 가지는 기능적으로 서로 연결되어 있습니다. 이유는 간단합니다. 언어가 있기 위해서는 거기에 우선 집단이 있어야 하는 것과 마찬가지예요. 그건 당연합니다. 언어라는 것은……

샤르보니에   구성되는 거지요.

레비스트로스   그렇습니다. 언어는 집단 현상이고 집단 때문에 설정되는 것이고 집단에 의해서만 존재합니다. 언어는 변경되지 않으니까요. 의지에 따라 전복되는 것이 아닙니다. 만일 우리가 사회 안에 각기 특수한 언어를 가지고 있는 작은 예배당을 너무 많이 만들면, 우리는 서로를 잘 이해하지 못하게 될 겁니다. 혹은 몇 해 전부터 우리가 예술 분야에서 충분히 확인

할 수 있듯, 우리가 언어에도 끊임없이 전복이나 혁명을 도입하게 되면 점점 소통이 어려울 겁니다. 따라서 언어를 말하는 자는 하나의 큰 현상을 말하는 것이고 한 집단 전체의 관심을 끄는 것이며, 특히 꽤 상대적이긴 하지만 그래도 상당히 안정성 있는 하나의 현상을 말하는 것입니다. 우리가 말했던 두 차이는 사실 하나인, 같은 현실의 두 가지 면입니다. 바로 이런 차원에서 개별화라는 요소가 예술품 안에 도입되는 것입니다. 그것은 필요해서도 그렇고, 어쩔 수 없이 자동적으로 그렇게 됩니다. 그러면 작품은 의미 작용하는 기능을 잃어버리다가 종국에는 점점 큰 모델과 어림잡아 비슷해지면서 완전히 사라지고 맙니다. 의미를 띠는 것이 아니라 흉내만 내게 되지요.

그러면 방금 말씀하신 사회학적 성찰을 해봅시다. 기호 체계가 다르긴 하지만 우리는 예술과 언어의 관계를 도입했습니다. 그런데 이미 우리는 이 문제를 문자 표기와 관련해서 생각해보았습니다. 어떤 사회적 현상에 문자 출현이 늘 그리고 도처에서 발생했다는 것에는 우리가 의견의 일치를 보았지요. 나는 문자 표기와 동시에 일어나는 사회 현실이 바로 카스트 혹은 계급 체제와 부합하는 분열·분리의 출현이라고 봅니다. 이미 말했지만 문자는 그것의 초기에 인간이 다른 인간을 노예화하는 수단이었어요. 물건을 사유화하는 것처럼 말입니다.

그러므로 예술품의 변형은 우연히 일어난 일이 아닐 겁니다. 방금 제가 암시한 것은 문자 사회 안에서 일어난 것이

고, 그게 르네상스 때의 새로운 현상이었다고는 말하지 않
겠지만 적어도 그 시대에 인쇄술의 발명이라는 새로운 현상
이 일어난 건 확실합니다. 사회생활에서 문자의 역할이 더
욱 커지는 중요한 변화였지요. 어쨌든 두 사회, 즉 그리스와
이탈리아 피렌체에서는 계급과 재산의 분리가 특히나 두드
러졌습니다. 결국 두 사례에서 문제가 되는 것은 사회인데,
여기서 예술은 내밀한 쾌락의 도구 혹은 수단을 찾는 소수
자들의 분야가 됩니다. 그것은 우리가 원시적이라고 부르는
사회의 예술보다 훨씬 더 큰 것입니다. 원시사회에서는 예
술이 집단 단위로 기능하는 소통 체계에 가까웠지요.

"우리가 하는 것은 모두
무엇인가를 했다는 사실을 검증해주는 것이지,
그것이 고의적으로 무엇을 바꾸려는 힘으로
이루어지는 건 아니라는 겁니다"

샤르보니에   분명한 것은 우리 사회의 많은 예술가들이 자기 작품이 소
위 대중 안으로 확산되지 못한다는 사실을 한탄한다는 겁니
다. 동시에 모든 것이 모호하게 표현된 한탄의 방식을 따르
고 있기까지 하지요.

레비스트로스   하지만 그것은 도식에 머물 수밖에 없습니다. 그것은 분명
모든 예술가의 의지에도, 단 한 사람의 의지에도 달려 있
지 않으니까요. 몇 세대에 걸쳐 만들어지던 한 역사적 상황

이 갑자기 변합니다. 우리가 하는 것은 모두 무엇인가를 했다는 사실을 검증해주는 것이지, 그것이 고의적으로 무엇을 바꾸려는 힘으로 이루어지는 건 아니라는 겁니다.

샤르보니에   그러면 단절의 이유를 어디서 찾아야 하지요? 집단 안에서 혹은 예술 기능의 변화 안에서 다른 현상과 연관된 게 있나요?

레비스트로스   문명의 전반적인 진화 안에서 그것을 찾을 수 있을 겁니다. 그건 단 한 번에 만들어진 게 아니에요. 아시겠지만 계속 무엇이 되풀이되는데, 그것들은 기간으로 구분됩니다. 제가 보기에 오늘날 예술은 고대 그리스 조각상에 있었던 의미심장한 기능을 더는 가지고 있지 않습니다. 그 접촉점을 잃어버렸어요. 이탈리아 르네상스 회화 안에서 그것을 다시 한 번 잃었습니다. 아직 어느 정도 흔적이 남아 있는 사회들이 있긴 하지요. 그리스만큼은 아니어도 아마 이집트 조각상 안에는 조금 있을 겁니다. 아시리아 시대의 조각상에도요. 인류학자들이 부각하는 사회 안에는 제가 방금 말했던 그런 공통점들이 있어요. 콜럼버스가 발견하기 이전의 멕시코. 제가 미학적 생산물이 미묘하게 차이가 있다는 것을 환기하면서 콜럼버스 이전의 멕시코를 생각하는 건 다 이유가 있습니다. 멕시코는 문자 사회였어요. 문자 표기는 예술이 구상성을 향해 진화하는 데 매우 중요한 역할을 했습니다. 표기는 인간에게 기호의 수단으로, 외부 세계를 표시하는 것만 아니라 그것을 포착하고 가질 수 있게 해주었지요. 고전 시대의 그리스 조각상이 인간 신체의 팩시밀리 _{모사전송 장치} 같은 것이었다고 주장하는 순진함은 제게 없습니다. 어떤 의미에서 그 조각상은 단순히 물건의 성격을 띠고 있지 않아요. 아프리카 조각상의 경우처럼 최소화되어 있긴 하지만 그건 신호를 알아보느냐 알아보지 못하느냐의 문제지요. 단순한 차이가 아니라 예술가의 태도 그리고 관객의 태도 차이입니다. 그리스 조각상 혹은 14세기 르네상스 이탈리아 회화를 마주한다는 것은 어찌 되었건 모델과 대면하는 것인데, 이것은 의미 작용의 노력일 뿐만 아니라 순수한 지적 태도의 문제기도 합니다. 우리가 원시사회라고 부르는 집단의 예술에서도 일종의, 거의 마법적인 영감에 대한 강렬한 욕망을 보게 되는데 이게 정말 놀랍고 인상적입니다. 지적인 태도라니, 제가 좀 역설적으로 말하는 것 같지요? 그러니까 이 순수한 지적 태도라는 것은 실제 존재와 소통하는 것만 아니라 허상 같은 어떤 착각을 통해 자기 것으로 느끼는 환상까지도 포함합니다. 제가 물건에 대한, 오브제에 대한 소유욕이라고 부르는 게 바로 이것인데, 부_富 혹은 외부의 아름다움을 탈취하는 수단이지요. 소유자나 관객들의 오브제에 대한 소유욕은 바로 이런 탐욕적 요구, 야망 때문입니다. 저는 그게 우리 문명 예술의 가장 큰 독특함 중 하나라고 생각합니다.

세 가지 차이

"내적 활동은 의지적이고 체계적인
방식을 따라 이루어졌습니다. 집단이 만들어낸
정경이라는 코드를 따르면서요"

샤르보니에 클로드 레비스트로스, 우리는 지난 방송에서 예술의 개별화
에 대해 말했습니다. '집단적' '개별적' 같은 단어가 여러 차
례 나왔는데요. 그러다 보니 아주 자연스럽게 이 두 용어 사
이에 어떤 상관성이 있는가 하고 생각해보게 되더군요. 그
둘이 적대적인지 상호 보완적인지, 사회적 맥락으로는 무엇
을 뜻하는지요. 약간 다른 의문도 생겼습니다. 개별적인 것
과 집단적인 것 사이의 구분은 가치가 있는 걸까요? 물론
예술 작품을 만들어내는 조건에 한해서 말입니다. 원시사회
내부에서도 우리 사회 내부에서처럼 구분이 있었나요?

레비스트로스 우리에게는 너무나 분명해 보이는 개인과 집단 사이의 구분
이 원시사회에서 예술품을 생산하는 조건으로 큰 영향을 미

친 것 같지는 않습니다. 물론 유명한 장인들이 있었지요. 그 기술이 익히 알려진 사람들, 다른 이보다 선호되는 장인이 분명 있었어요. 더 비싼 값을 받았지요. 확실히 그랬습니다. 더욱이 장인은 개인이 원하는 것을 전부 만족시키려고 했지요. 인도의 바스타르나 오리사 주 같은 데서 볼 수 있는 원시사회를 생각해보세요. 혼혈이지만 몽고족의 장인들이지요. 그들이 그린 벽화 형태의 그림은 매우 수준이 높습니다. 왜 그런 줄 아세요? 그게 주술과 종교 기능을 함께 했기 때문이에요. 아픈 자들을 낫게 하고 미래를 점치는 데 쓰였지요. 좀 더 설명을 드리자면 어떤 개인이 정신적·신체적 위기 상황에서 정말 나오고 싶을 때면 주술사를 부르는데, 그 주술사는 화가이기도 했어요. 무엇을 구체적으로 재현한 그림은 아니고, 큰 모티프들이 있는 그림이었습니다. 그것을 아픈 사람의 집 벽에 그려줬지요. 주술사는 재능을 인정받은 사람입니다. 신적인 능력을 가진 치료사일 뿐 아니라 화가이기도 했어요. 환자의 집에 그림 작업을 하러 갈 때는 하루 먼저 갔습니다. 그리고 아주 후한 비용을 받았지요. 그곳에 손님으로 가는 거였으니까요. 거기서 밤을 보냈습니다. 그 집에서 꿈을 꾸었어요. 꿈에 나온 일화와 세부적인 것을 다 기억해내서 아주 섬세하게 벽에 그렸습니다.

그가 생산해낸 작품은 아주 심층적인 무의식에서 나온 것은 아니고 일종의 캐논Canon, 그러니까 정경正經에 아주 충실한 것입니다. 만일 이 그림들을 어느 외국의 미술 애호가가 본다면 같은 화가의 손에서 나온 것이라 볼 수도 있습니다. 즉, 외부에서 온 자가 본다면 내부를 보진 못하는 겁니다. 50년 전에 그린 그림이나 50년 후에 그린 그림이나 정경에 따라 그린 것이니 큰 차이가 없습니다. 자, 여기에는 두 가지가 거의 분류를 할 수 없을 정도로 뒤섞여 있지요. 하나는 이런 예술품을 만드는 데 있어 가장 사적인 상황이 있었다는 것이고, 또 하나는 가장 집단적이면서도 일견의 사회학적인 상황이 있었다는 겁니다. 그런데 두 양상은 서로 긴밀하게 연결되어 있어요. 화가는 이 작업을 위해 꿈을 꾸었습니다. 그것은 정신의 무의식적 활동입니다. 가장 사적인, 가장 내밀한 부분이지요. 이런 내적 활동은 의지적이고 체계적인 방식으로 이루어졌습니다. 집단이 만들어낸 정경이라는 코드를 따르면서요. 개인과 집단 사이의 구분이 없어지는 지점까지 왔다고 할까요? 따라서 둘 사이의 구분이 가치가 있고 그것이 영향력을 미치려면, 의도적이고 의식적인 활동의 어느 지점에 가 있으면서 동시에 가장 표피적인 수준에 머무는 예술의 경우에만 국한되어 있어야 합니다. 반면 원시사회는 미학적 창조 속에 있는 무의식 활동의 역할을 가장 객관적으로 인식하면서 놀라운 혜안으로 이 어두컴컴한 정신의 세계를 다루고 부릴 줄 압니다.

샤르보니에   그러니까 우리 사회에서만 이런 구분을 한다는 거네요?

레비스트로스   그런 구분이 우리 사회에 있지요. 아주 다른 사회집단이어도 자기 방식대로 적절하게 다 있고요.

첫 번째 차이는 이것입니다. 개인적 생산물과 집단적 생산물 사이의 구분이 적절한 성격인가 아닌가. 두 번째 차이는 (물론 이건 오늘날에는 더 이상 가치가 없다고 말씀하실 것 같은데, 제가 나중에 다시 설명하겠습니다. 어쨌든 지금은 이 두 번째 차이를 분기점 정도로 놔두지요) 본질적으로 의미 작용을 하는 예술과 제가 소유욕이라고 부른 것을 겨냥하는 예술 간의 대립입니다. 이 후자는 점점 더 재현적 성격을 띠고 점점 덜 의미적 성격을 띠게 됩니다.

끝으로 세 번째 차이가 있습니다. 이것은 미학적 활동에 있어서 아주 의식적이고 체계적인 경향으로 보이는데요. 제 안에서 잘 가두고 지키는 것입니다. 무슨 말인가 하면 다루는 오브제와 자신의 관계뿐만이 아니라 예술적 전통과의 관계도 유지하는 것입니다. 쉽게 말하면 '스승들의 예'를 따르거나 '스승들을 따라 그리거나' 한다는 거지요. 여기서 원시미술에는 적절치 않은 게 있는데요. 어차피 원시미술은 전통의 지속성을 보장하므로 그런 질문을 하지 않을 테니까요. 하지만 거기에는 구심적인 세 영역이 있어요. 세계를 별도로 두고, 예술을 예술 자체로 뒤로 물러나게 하면서 유폐하는 일종의 구심적 운동성을 갖는 겁니다. 개인주의, 재현주의, 아카데미슴. 이 세 가지 유형이 그거예요. 자, 그럼 전에 질문하셨던 그 문제로 돌아가봅시다. 현대 예술.

샤르보니에   모든 용어가 다 적용되는 건 아니군요?

레비스트로스 네, 다 적용되지 않아요. 그런데 어떤 의미에서? 첫 번째 현대적 혁명은, 그건 제가 모르는 것에 대해 당신이 말해보라고 한 것이지요. 그런데 그건 당신이 전문가 아닙니까? 인상주의impressionnisme, 전통적인 방식을 거부하고 빛에 따른 색채·질감 등에 집중한 표현 기법를 말하려는 거였습니까?

샤르보니에 네, 그렇습니다. 그건 정말 외부적으로 드러난 최초의 표현입니다. 정말 관객에게는 명백하고도 뚜렷한…….

레비스트로스 사실 저는 제 영역이 아닌 것에는 들어가지 않습니다. 대략적으로 판단은 해도 그건 밖에서 보는 것이지요. 사회학자 관점에서 회화적 혁명을 다루는 것입니다. 변형은 예술 작품의 구조에만 관심을 갖게 하는 것이 아니라 어떤 반향을 일으키는 집단 속으로 우리를 끌어들입니다. 인상주의는 이런 경향에 대한 제대로 된 답변이지요.

샤르보니에 저도 이런 질문에 관한 전문가는 아닌데요. 어쩐지 인류학자 앞에서는 어떤 무기도 갖고 있지 않은 것 같은 기분이 드네요. 그런데 외부적 표명, 가시적 표명이 인상주의라고 말한다면 인류학자와 공감할 게 많을 것 같은데요.

레비스트로스 인상주의 화가를 예로 든다면 이런 것을 생각해봐야 합니다. 그 화가가 시도한 것이 무엇일까? 그 혁명은 제가 방금 정의한 차이들 가운데 세 번째에 해당합니다. 기존의 학파

클로드 모네, 〈인상 : 해돋이〉, 1872

를 통해 오브제를 보는 시각에서 벗어나려고 한 겁니다. 오브제를 자기가 제안하고 싶은 대로, 자신이 영감 받은 모델 그대로 나타내 보여주고 싶었던 겁니다. 과거 스승들이 재현한 방식대로가 아니라요. 진짜 오브제, 날것의 생생한 오브제, 눈앞에 있는 대상물로서의 사물 말입니다. 그렇게 말할 수 있지 않을까요?

샤르보니에 그렇지요.

레비스트로스 이 생생한 오브제, 그것만이 재현할 오브제이며 형상화할 오브제이고 또 내 것으로 만들 오브제입니다.

샤르보니에 다만 물리학자가 오브제를 보듯 바라보게 되는 점이 있어요.

레비스트로스 그렇습니다.

샤르보니에 물리학자 프레넬Augustin Jean Fresnel, 1788~1827의 저서를 읽어보면, 자연스레 그의 이론을 차용하게 됩니다. 회화를 통해 물리학을 한다고 거의 믿게 되지요.

레비스트로스 어떤 의미로는 반동적 혁명입니다. 그래도 혁명이지요. 이전에 지배적이었던 인습을 뒤집었으니까요. 그러나 문제의 본질은 알 수 없습니다. 이 문제의 본질, 가장 깊숙한 문제, 그건 예술 작품의 의미적 성격 안에 있는 것 같습니다. 재현적인 것을 소유하려는 것. 이런 양상이 인상주의 안에 전체적으로 남아 있어요. 당신도 찬미하고 저도 찬미하는 인상주의 화가의 위대함을 축소하려는 것은 아닙니다. 그렇지만 분명 인상주의가 우리에게 중요한 영향을 끼쳤음에도 그것은 표면적인, 표피적인 혁명입니다.

샤르보니에 인상주의 그림은 모든 방식 가운데서도 가장 표면에서 멈춘다. 그렇다면 인상주의 화가는 다른 것보다 표면에 관심이 있었던 것 아닐까요? 빛이 사물과 접촉하며 사물 속으로 들어가는 바로 그 순간 빛이 분산되잖아요. 해체되잖아요.

레비스트로스 결국 그렇습니다. 꼭 인상주의만 그런 건 아니지만요. 이런 방향으로 제 설명을 끌고 가게 되면 당신은 형태적 관점에서 인상주의만 별도로 관찰할 수 없게 될 겁니다. 인상주의 화폭에 그려진 것들도 상당히 중요해요.

"인상주의에서 제가 놀라는 것은
단지 기법의 변화가 아니에요.
주제의 변화입니다"

샤르보니에 인상주의는 기초적인 방식으로 오브제를 다루지 않습니다.

레비스트로스 저는 당신의 관점보다 훨씬 표피적이고 피상적인 관점으로 생각해보겠습니다. 그래야 설명이 되어요. 인상주의에서 제가 놀라는 것은 단지 기법의 변화가 아니에요. 주제의 변화입니다. 인상주의는 근교의 소박한 풍경이나 특히 들판 같은 교외의 척박한 전원, 또 단순한 막처럼 드리워진 나무들을 다룹니다. 니콜라 푸생Nicolas Poussin, 1594~1665만이 아니라 낭만주의자들이 풍경을 이해하는 방식과 상당히 다릅니다. 많은 변화가 있어요. 과거에 이들은 장엄하게 펼쳐지는 산이나 폭포수처럼 떨어지는 물, 수백 개의 나무가 그려진 풍경화를 그렸지요.

샤르보니에   네, 그렇지만 인상주의 이후 100년이 지나서는 모든 예술에서 볼 수 있는 일반적인 경향이 되었습니다. 심지어 지금까지도요. 전체적으로 보면 전부 땅 위에 있는 인간을 그린 것이지요. 그런데 이제는 메트로폴리탄광범위하게 일체화된 도시 시대입니다. 그게 당연한 것이, 인간들이 사는 장소가 거기니까요.

레비스트로스   아, 그러고 보니 그렇습니다. 1차적인 성질이자 최초의 자질인 이 자연이 17세기부터 19세기까지 재현 가능한 사치품이었다면, 이제 기계문명의 진보로 인해 전부 사라졌지요. 다리, 철길, 도시 개발. 이제 인간들에게 자연이라는 잔돈에 만족하고 살 것을 가르쳐야 합니다. 흔히 자연이 사라졌다고 하지만, 그래도 자연은 남아 있는 모든 것이자 영원히 사라지지 않는 어떤 것이지요. 인상주의에는 이런 교수법적인 역할이 있어요. 문명화에 대한 이런 안내 기능이 있습니다.

샤르보니에　축소되던 것을 확대했지요.

레비스트로스　그래요. 아니면 축소되고 있지만 아직 이용 가능한 것을 가장 집중적으로 활용하려고 노력했지요. 형태를 보는 관점에서 인상주의 혁명은 이 마지막 대립에만 한정되어야 한다고 보는데, 우리는 그 점에 대해 대략적으로 동의를 하는 것 같습니다. 순수한 오브제로의 복귀, 나체 같은 오브제로의 복귀. 거장들을 통해 본 오브제가 아니라요. 그게 본질적인 문제를 전부 해결한 것은 아니지만, 거기까지는 말하지 맙시다. 중요한 것은 오브제가 의미를 띠느냐 혹은 재구성되었느냐를 아는 것이니까요. 적어도 이 두 목표점 중 하나에는 도달할 수 있습니다. 사실 오브제의 재구성은 불가능해요.
입체주의cubisme, 대상을 기하학적 형태로 분해·재구성하는 표현 기법는 제가 말한 두 번째 차이를 해결하려고 애쓰면서 동일한 혁명을 계속하게 됩니다. 거기서 예술의 의미론적 진실을 볼 수 있는데, 입체주의의 진정한 야망은 의미하는 것이지 더 이상 재현하는 문제가 아니거든요. 입체주의가 인상주의 혁명보다 더 심오한 혁명인 이유가 바로 이겁니다. 물론 인상주의 혁명의 여러 결과를 이용하면서 시작된 것이지만요. 입체주의는 오브제 그 이상으로 나아갑니다. 의미화까지 나아가요. 다만 입체주의에는 어떤 핵심적인 부분이 항상 부족해요. 그래서 원시예술과 입체주의를 일치시키지 말라는 거지요. 비록 입체주의자들이 원시예술에서 영감을 받았고 원시예술을 사랑했지만요. 그래도 우리는 바로 느낄 수 있습니다. 그 어떤 예술 형태와 함께하는 것보다 원시예술과 함께할 때 입체주의 오브제들이 가장 편안하고 행복하게 있는 것이라고요.

샤르보니에   그렇습니다. 입체주의는 인상주의와 결코 동거하지 않습니다. 검은 조각상 옆에 알프레드 시슬레Alfred Sisley, 1839~1899를 놓는다는 것은 정말 생각도 할 수 없어요!

레비스트로스   입체주의가 원시예술에서 영감을 받았기 때문입니다. 입체주의는 어떤 의미에서 원시예술이 그들에게 가르쳐주고 가져다주는 것을 정확히 이해했지요. 그러나 기본적인 난제는 있습니다. 입체주의는 그 어려움을 극복할 수 없었어요. 방금 말씀하신 것처럼 예술적 생산물이 만들어지는 조건은 여전히 개인주의적인 것이죠. 입체주의는 예술 작품의 집단적 기능을 스스로 되찾을 수 없었어요. 만일 이 세 가지 차이에 대한 가설을 인정한다면, 일종의 역행적인 방식이긴 하지만, 인상주의는 피상적이긴 해도 이 마지막 난제를 극복했다고 볼 수 있습니다. 입체주의는 매개를 통해서 두 번째 난제를 해결합니다. 그런데 항상 남는 게 하나 있었어요. 그건 가장 심각하고 심오한 것인데요. 미학적 형태를 넘어 사회 안에서 예술에 할당된 자리가 있기는 한지 이의를 제기하는 것입니다. 이 점에 대해서는 충분히 성찰하지 않았어요. 아마 거기에서 상대적으로 최근에 일어난 놀라운 현상을 설명할 방법이 있을 겁니다. 입체주의 화가에게 있는 '기법상'의 기이한 혼용을 말하고 싶은 겁니다. 가령 피카소의 모든 작품에서 우리가 목도하게 되는 것이죠. 그 기법의 근본적인 변화, 그 모든…….

샤르보니에   아, 보는 것 자체를 다시 시작하게 하는 기법의 변화예요. 우리 시대에 가장 위대한 이름들이 이것을 한 사람들이고.

레비스트로스   그래요.

샤르보니에   피카소, 앙드레 마송André Masson, 1896~1987, 프랑시스 피카비아Francis Picabia, 1879~1953. 그렇습니다. 끊임없는 기법의 변화.

레비스트로스   화가들만 그런 건 아니고 음악에서는 이고리 스트라빈스키Igor Stravinsky, 1882~1971가 있습니다. 피카소와 스트라빈스키의 사례는 유사점이 없을 수가 없어요.

샤르보니에   네.

레비스트로스   지속적인 기법의 변화가 있었습니다. 이런 현상은 어떤 의미로 사회학적 현상이지요. 예술품의 개인화와 직접적인 관계가 있는 것처럼 보입니다. 그 즉각적 결과인 듯 말입니다. 입체주의는 예술가와 관객(특히 예술가와 작품 구매자요. 이 사안에서 조절자 역할을 하는 관객은 구매자니까요)의 대립을, 갈등을 극복할 수 없었던 것처럼 보입니다. 이것은 하나의 아카데미슴을 또 다른 아카데미슴으로 바꾸는 것이었습니다. 인상주의 이전의 회화 아카데미슴은 언어학자가 언어를 이용하듯 '기의의 아카데미슴Académisme du signifié'이었어요. 즉 오브제 자체였습니다. 인간의 얼굴, 꽃, 화병. 그러다가 인습과 전통을 통해 바라보던 것을 다르게 재현하려는 노력을 하게 되었지요. 우리는 어느 시대 또는 어떤 순간, 현대 창작자들이 이런 풍부하고도 다양한 기법들을 많이 사용하는 것을 보게 됩니다. 기의의 아카데미슴은 사라졌습니다만 이제 제가 명명하듯 '기표의 아카데미슴Académisme du signifiant'이라고 부를, 새로운 아카데미슴이 생긴 거지요. 그것은 언어의 아카데미슴이기까지 합니다. 스트라빈스키 혹은 피카소를 보면 인류가 사용했거나 사용 중인 모든 신호 체계를 허기에 차 거의 병적으로 소비하는 것 같습니다. 인류가 예술적 표현을 소비한 이후로 도처에 소비가 있었지요. 주제의 아카데미슴을 언어의 아카데미슴이 대체한 것입니다. 예술품의 생산 조건이 개인적인 것으로 남아 있는 이상, 진정한 언어가 정착할 수 있는 어떤 가능성도 없어졌지요. 제가 앞에서 말했지만, 언어는 집단의 것이고 안정된 것입니다.

샤르보니에   그래요. 어떤 의미에서 그건 모두 용이함에서 비롯되는 거 아닐까요? 설명하기가 어려운데 수송의 용이함, 이동의 용이함 같은 거요. 소통이 증가하고 통신이 증가하는 것. 이동, 소통을 통해 인간이 여행을 할 수 있게 되었을 뿐 아니라 알 수도 있게 된 겁니다. 읽을 수 있게 된 거지요. 재현물을, 복

사물을 볼 수 있게 된 겁니다. 이 분야에서 문자만큼 중요한 현상이 있습니다. 바로 사진이지요.

레비스트로스   물론입니다!

샤르보니에   이런 개별화가 전개되는 시기부터 입체주의 화가는 그 이전에 그려진 모든 그림을 다 알 수 있었습니다. 다른 언어를 다 아는 겁니다.

레비스트로스   아닙니다. 원래부터 아는 게 아닙니다. 배우는 거지요. 아니, 배우는 것도 아니고 흉내를 내는 겁니다.

샤르보니에   그럼 어떻게 그려졌는지 봅시다.

레비스트로스   변화를 주어도 심하게 가공을 해서 변화를 준 거지요. 기호의 새로운 외양이 더는 없으니까요. 이제 메시지는 없습니다. 메시지라는 단어를 쓰지만 형이상학적인 의미가 아니라 소통의 이론 의미에서지요.

"입체주의의 태도는 통합의 태도가 아닙니다.
거부의 태도입니다"

샤르보니에   모든 화가가 전문가가 되었습니다.

레비스트로스   그래요. 다만 그것으로는 충분하지가 않습니다. 만일 우리가 원시적이라고 부르는 사회의 예술가들을 생각해보면, 그들도 외부에서 만들어진 것을 압니다. 물론 그들보다 2000년 전에 만들어진 것은 모릅니다. 그들에게서 2000킬로미터 떨어진 곳에서 만들어진 것도 모르지요. 그러나 가장 인접한 주민들의 예술은 압니다. 물론 그들 것과는 본질적으로 다르겠지요. 고딕 예술 또는 바로크 예술에서 이집트 예술을 알아볼 수는 있어도 그게 서로 같은 것은 아닌 것처럼 말입니다. 그러나 입체주의의 태도는 통합의 태도가 아닙니다. 거부의 태도입니다. 그들의 언어를 지키려고 하기 때문이지요. 이런 예술은 너무 자유롭게, 너무 쉽게 외부의 요소들과 통합될 수 있으니 오히려 더 거부하는 겁니다. 예술이라는 의미론적 기능이, 사회 안에서의 역할이 붕괴될까 봐서요. 어떤 예술가 혹은 어떤 현대 창작자들이 기법의 다양성을 추구한다면 동화同和되기 위해 외국어를 익히는 사람처럼 하는 게 아닙니다. 언어 따위는 공짜니 그냥 즐기듯 하는 거지요.

샤르보니에   다시 이런 이야기를 해서 죄송합니다만 저는 그게 인간을 특징짓는 현상이라기보다 각각의 예술 안에서 더 크게 부각되는 현상이라고 봐요. 아니, 그렇게 주장해야 한다고 생각합니다. 기법의 변화들은 위대한 화가들에게서 훨씬 뚜렷하게 보이는 거잖아요. 피카소나 알베르토 자코메티Alberto Giacometti, 1901~1966처럼.

레비스트로스 저도 동감입니다. 그러나 이 두 난국에 근본적인 차이가 있다고 보진 않아요. 만일 현대 회화가 궁지에 몰렸거나 피카소에게 출구가 없었다면 다른 기법으로 재주를 부리게 하면 됩니다. 이것도 해보고 또 저것도 해보고. 기호들이 더 이상 의미 기호가 아니니까요. 형식적 기능일 뿐입니다. 사실 사회학적으로 말하면 그건 집단 내에서 소통하는 데 소용되지 않아요. 추상적인 시도들은 더 이상 늘어날 필요가 없습니다. 각자 자기 계산이 있을 뿐입니다. 그렇게 기호 체계를 가지는 거예요. 물론 각자의 고유 체계를 분석하려고 노력합니다. 그것을 용해하고 완전히 끕진시키려고 하지요. 그 의미의 기능으로 의미의 가능성이 나올 때까지 다 꺼내면서 비웁니다. 여기에는 두 가지 전개 방식이 있습니다. 하나는 절망한 듯 필사적인 방식. 다른 하나는 보완하고 추가하는 방식.

샤르보니에 하나 놀라운 것이 더 있지요. 당신이 방금 세운 세 가지 근본적 차이.

레비스트로스 네.

샤르보니에 그래도 당신은 예술의 현상을 시대로서의 현대는 아니고, 현대적 측면에서 고려했습니다. 인상주의가 현대 예술에서 제시되는 첫 번째 난제를 극복했다고 평가했지요. 입체주의는 두 번째 난제를 극복했습니다. 그런데 입체주의는 어떤

알베르토 자코메티와 그의 작품 〈가리키는 사람〉 (1947)

면에서 인상주의 안에 들어 있어요.

레비스트로스 맞아요.

샤르보니에 추상주의abstractionnisme는 어떤 면에서 입체주의 안에 들어 있고요. 그렇다면 무엇보다 검토와 분석이 우선 필요한 것 아닐까요? 지레 추상 예술이 세 번째 난제를 극복했다고 보지 말고요.

레비스트로스 아닙니다. 저는 그렇게 생각하지 않아요. 물론 대칭적인 방식으로 보는 건 매우 끌리는 일이죠.

샤르보니에 그러면 제대로 조직화되니까요.

레비스트로스 네.

샤르보니에 다만 어떻게 하느냐 이거군요.

레비스트로스 아무튼 세 가지 차이가 있습니다.

샤르보니에 가장 큰 희망을 품는 순간에요!

레비스트로스 그렇습니까?

샤르보니에　아니, 아닐 수 있어요.

레비스트로스　제가 방금 묘사한 이 세 가지 차이 안에 구분을 도입하고 서열화를 하려고 한다면, 그건 아닙니다. 마지막 두 가지는 극복될 수 있어요. 이 두 가지를 마르크스주의자들은 상부구조라고 불렀죠. 반면 첫 번째, 즉 예술 작품의 집단적 기능은 하부구조입니다. 순전히 형식적인 진화와 발전으로는 충분하지 않아요. 그것을 극복하려면 미학적 창조 속에서 고유한 역동성을 추구하는 것으로는 안 됩니다. 이런 표현이 어떨지 모르겠지만, 이런 대립과 충돌하는 순간 예술은 사회적 현실이라는 모터와 연결되고, 그 순간 현실을 변형하기에는 무력하다는 것이 드러납니다. 제가 막다른 골목이라고 느끼는 것은 바로 이런 부분입니다.

샤르보니에　회화에서만 그걸 보는 건 아니잖아요.

레비스트로스　회화뿐 아니죠. 음악에서도 역시나 놀라운 게 있습니다.

"새로운 형태를 고안하는 노력을 의지적으로,
의도적으로, 시스템적으로 하고 있어요.
이게 사실상 위기의 신호입니다"

샤르보니에　글의 영역에서도, 문학의 영역에서도 그렇습니까?

레비스트로스　시 분야에서 그렇습니다. 소설에서도 아마. 내가 왜 한정을 짓는지 모르겠지만요. 그래요, 그런 것 같습니다. 다 진부한 검증처럼 보이고요. 다른 사람들도 이미 그것을 느꼈을 겁니다. 우리는 일종의 막다른 골목에 와 있어요. 우리는 음악을 들으면서 항상 들었던 것을 듣는 것처럼 듣습니다. 그림을 봐도 매일 보던 것처럼 보고요. 책을 읽어도 독서 습관이 있어서 읽듯이 그냥 읽습니다. 거기서 약간 건강하지 못한 긴장이 생겨납니다. 분명하게 말할 수 있는데, 너무 의식을 하고 너무 실험을 해서 그 결과로 어떤 것을 발견해야 한다는 의지가 지나치게 강한 거예요. 이게 바로 건강하지 못한 긴장입니다. 이런 종류의 전복들이 넘치고, 그래서 지금처럼 훨씬 덜 의식하게 된 수준까지 이른 겁니다. 새로운 형태를 고안하는 노력을 의지적으로, 의도적으로, 시스템적으로 하고 있어요. 이게 사실상 위기의 신호입니다. 제가 보기엔 그래요.

샤르보니에　제가 당신 생각대로 해본다면, 이런 근본적 위기는 우리가 예술 형태라고 부르는 것이 완전히 사라질 때까지 이어지지 않을까요? 우선 그 무용성을 밝히면서요.

레비스트로스　인류학적 관점에서 보면 그렇지요. 제가 당신 질문 때문에 인류학적 관점을 포기하게 생겼군요. 그러나 그게 무슨 괴물 같거나 스캔들이 일어난 듯 대단한 건 아닙니다. 예술이 인간 사회에서 항상 중요한 역할을 한 것도 아니었어요. 우리는 예술적으로 풍부한 것들을 많이 알지만 예술적으로 보잘것없고 빈약한 것들도 많이 알아요.

샤르보니에   네. 게다가 당신이 말한 것에 들어맞는 유리한 기호들이 있지요. 그건 모든 창작자들이 확신하는 의지에 불과한 것 아닐까요? 삶과 작품을 절대적으로 통합하겠다는 의지요. 마치 그걸 분리할 수 없다는 식으로 말입니다. 앙토냉 아르토 Antonin Artaud, 1896~1948는 그의 시가 자기가 되기를 원했습니다. 화가는 그림이 자기가 되기를 원하고, 음악가는 소리가 자기가 되기를 원하죠. 그러나 이미지를, 색을, 소리를, 단어를 완전히 탈취할 순 없어요.

레비스트로스   그렇습니다. 결국 그런 거 같아요.

샤르보니에   모든 사람이 색깔, 소리, 이미지를 생각하는 것은 그게 다 잡히지 않기 때문이 아닐까요?

레비스트로스   소재가 부족하다는 신호일 겁니다. 그래서 갖은 수단과 방법을 동원하고 있어요.

샤르보니에   다시 질문이요. 모든 형태가 사라질 운명이라는 것은 인정할 준비가 되어 있습니다. 그런데 예술이 예술 자체가 될 때에도 그런 겁니까?

레비스트로스   이런 소멸은 시간성의 문제예요. 우리는 우리가 말할 수 있는 단계에서만 말하는 겁니다!

"결핍에 의해서건 과잉에 의해서건
모델은 늘 초자연적 이미지에서 벗어납니다.
예술가의 수단이 예술에 대한 요구를 못 따라와요"

샤르보니에   그래요. 알 것 같습니다. 그런데 또 궁금한 것이, 그러면 예술의 기능은 어떤 건가요? 원시사회 예술의 기능에서 현대사회 예술의 기능을 추론할 수 있을까요? 결국 예술은 우리한테 아무 쓸모도 없는 건가요? 어떤 것이 새롭게 탄생하면 그건 예술이 아닌 겁니까? 아니면 거꾸로, 예술의 소멸은 자연스러운 겁니까? 아무도 그걸 깨닫지 못하지만?

레비스트로스   예측하는 건 제 일이 아닙니다. 제가 방금 말한 것에서 하나 빠진 게 있는데, 거기에 주의를 기울여야 합니다. 그게 어떤 의미에서 문제를 더 확대하지요. 모든 미적 창조 행위에는 예술가가 쓸 수 있는 기술적 수단과 창조 과정 자체에서 오는 저항 사이의 불일치가 있어요. 그러니까 재료의 저항, 이 불일치는 사회에 따라 다릅니다. 그러나 항상 실질적으로 있지요. 그것이 예술에 본질적으로 의미심장한 기능을 부여했어요. 모델의 팩시밀리를 제공할 수 없을 때면 그냥 그것에 만족하거나 의미화하는 편을 택합니다. 이런 불일치가 단순히 수단에서만 생기는 것이 아니라는 사실을 덧붙이겠습니다. 물론 수단이 충분하지 않을 수 있어요. 이런 상황은 우리가 넓은 의미로 원시성이 있다고 부르는 예술에서 공통적으로 나타납니다. 그것은 이탈리아식 원시성일 수 있고, 원시민족의 원시성일 수 있습니다. 혹은 내가 오브제의 과잉이라고 부르게 될 것에 있어요. 저는 원시민족의 예술에서도 그것을 발견하고 놀라기에, 항상 기술의 불충분성 때문이라고는 말할 수 없을 겁니다. 우리가 원시적이라고 부르는 주민들은 창작 과정에서 아주 대단한 기술적 장악을 이뤄냈어요. 당신도 알겠지만 콜럼버스 이전의 페루 도자기는 지금까지 만들어진 그 어느 것보다 완벽합니다. 페루의 고대 편물은 직물 예술의 최정상을 보여줍니다. 그러나 우리가 원시적이라고 부르는 민족에는 항상 이런 여백을, 이런 거리를 다시 만들어내는 오브제의 과잉이 있습니다. 이들이 사는 세계는 대체적으로 초자연적 세계입니다. 초자연적이라는 것, 그것은 어떤 언어적 정의로 표현할 수 없는 것입니다. 그 팩시밀리를, 그 모델을 제공하는 것이 불가능하기 때문입니다. 결핍에 의해서건 과잉에 의해서건 모델은 늘 초자연적 이미지에서 벗어납니다. 예술가의 수단이 예술에 대한 요구를 못 따라와요. 이런 면에서 보면 충분히 어떤 것이 존재하는 듯합니다. 결국에, 아마 현대사회의 진화와 발전을 보면 예술의 미래는 불안하기만 한데, 과학 지식 덕분에 우리는 오브제들을 상당한 지점까지 '축소'하기에 이르렀습니다. 우리가 과학 지식으로 오브제를 포착하고 파악할 수 있게 되었다는 것은 그만큼 미적인 포착과 파악은 다 제거되고 말았다는 것인데, 그럼 원시민족들은…….

샤르보니에   그렇지요.

레비스트로스   원시민족들에게는 과학 지식이 없거나 아주 조금 있죠.

샤르보니에   그렇게 예술가의 영역이 축소되는 거군요. 그건 어떻게…….

레비스트로스   오브제라는 것은 훨씬 어마어마해요. 너무 많은 것을 담고 있어서 훨씬 무겁고 두껍지요. 우리는 그 불순물을 제거하고 정화하는 데 성공했어요.

샤르보니에   당신 같은 사람이 예술가의 마티에르matière. 질감를 다 떼어냈나요?

레비스트로스   당신 같은 사람이 누굽니까?

샤르보니에   학자요! 그건 확실합니다. 제가 생각하는 게 바로 그거예요. 방금 당신은 의미 기능이 어떤 불일치에서 생겨났다고 했지요. 그렇지만 의미 기능이 지금은 그 불가능성 덕분에 유지되는 건 아닐까 싶은데요. 예술가가 쓸 수 있는 여백은 분명히 줄어들고 있지만 불가능성의 문제는 늘 있었고요. 예술가는 영역이 축소되는 만큼 불가능성을 점점 더 인정하게 되고 매번 절망을 하지만, 20년 전에 이것을 말했을 때

보다 지금은 더 그렇게 되어 있습니다. 정당하다고 느껴지진 않지만 여지가 있다고도 느껴지지 않고, 뭔가 할 말이 있다고, 뭔가 볼 게 있다고도 느껴지지 않습니다. 그러나 이런 모든 불가능성에서 형태들을 끄집어내려고 하는 거 아닐까요? 연극을 예로 들어볼게요. 요즘 연극 쪽에서 가장 위대한 인물 중 하나인 사뮈엘 베케트Samuel Beckett, 1906~1989만 해도, 우리가 지금 말하고 있는 것을 그가 다 표현하지 않았습니까?

레비스트로스 아, 저는 연극 이야기는 못해요. 죄송합니다만 저는 연극에 알레르기가 있어요. 극장에 갈 때마다 실수로 아래층에 사는 이웃집에 잘못 들어가는 느낌이에요. 나를 쳐다보지도 않는 대화 공간에 들어가 있는 느낌. 그들도 나한테는 관심이 없고요. 그러니 연극 쪽은 일단 제쳐두지요.

샤르보니에 또 영역을 좁히자는 건가요?

레비스트로스 어떤 의미로 문제는 같아요. 지극히 구상적이고 형상적인 측면에서요. 연극의 팩시밀리. 살과 뼈가 있는 남자와 여자가 무대 위를 걸어 다닌다는 사실에서 말입니다. 인간들의 사회에서 벗어나 전혀 다른 사회 안으로 나를 들여보내주는 예술인 건 압니다. 그렇다면 이 점에서 다시 의미화의 문제를 살펴볼 수 있겠군요.

샤르보니에   연극 같은 가상 무대를 멀리해서 예술가의 오브제가 그 자
            체로 불가능성이 된 것 아닙니까?

레비스트로스   그래요, 그 점에서라면 당신 말이 맞습니다.

샤르보니에   시의 세계에서는 그게 사실입니다. 아르토는 이 정의에 대
            답해주지요.

레비스트로스   사실 예술은 더 이상 존재하지 않으려는 경향이 있어요. 오
            브제는 우리 지각 능력에서 완전히 벗어납니다. 기호 체계
            그 이상은 아닌 것이 되려고 합니다.

샤르보니에   오브제가 더 이상은 중량감이 없죠.

레비스트로스   동감입니다. 이것이 현대 예술의 모순을 증가·심화시킵니
            다.(추상화가에게는 이게 전형적으로 보이겠습니다만.) 우리는
            더 이상 기호 체계를 가지고 있지 않아요. 언어 바깥에 있습
            니다. 그런데 이 기호 체계가 한 개인의 창조물이 될 수도
            있는 거지요. 그걸 아주 빈번히 바꾸면서요.

자연 예술과 문화 예술

"예술 언어의 특성이라면
기의 구조와 기표 구조 사이의
아주 긴밀한 상동성에 있으니까요"

샤르보니에　　클로드 레비스트로스, 원시사회 예술과 현대사회 예술의 비
교를 단념하기 전에 당신이 언젠가 저에게 했던 지적이 있
는데 생각나시는지 모르겠습니다. 그때 우리는 전반적인 예
술의 기능에 대해 이야기했지요. 그래서 나온 결론은 현실
에 무엇인가를 덧붙여 정신적으로 공들여 만든 것이 예술
작품이고, 우리가 예술 작품을 인정하게 되는 것은 이 공들
인 정신적 작업 때문이라고요. 제가 조금 무분별한 말을 한
것도 같은데요. 예술가의 기능이 현실에서 분비물을 만들어
내는 것이라는 생각이 든다고 했지요. 그러자 당신은 현실
에서 분비물을 만든다는 표현은 너무 단순하고 모호하다고
했습니다. 아무렇게나 휘갈긴 그림처럼 현실에 현실을 덧붙
이는 표현물, 그것들이 반드시 아름답지 않은 결과물로 여

겨질 수 있다고요. 그러면서 이런 말을 덧붙였습니다. "그러나 초현실주의surréalisme는 이런 측면에서 우리를 당황하게 만드는 태도를 가지고 있다는 것을 인정한다."

레비스트로스   옛날에 이 주제에 대해 시인 앙드레 브르통André Breton, 1896~1966과 긴 서신을 주고받은 적이 있습니다. 만일 하나의 문서가 있는데, 그게 절대적으로 원본이면 그 사실만으로 하나의 예술 작품인지, 아니면 뭔가 하나 더 있어야 하는 건지에 대해서였죠. 예술 작품이 오브제의 기호라는 차원에서 말입니다. 말 그대로 재생품은 아니니까요. 작품은 우리가 오브제에 대해 즉각적으로 지각하지 못하는 어떤 것을 표현합니다. 그것은 일종의 구조입니다. 예술 언어의 특성이라면 기의 구조와 기표 구조 사이의 아주 긴밀한 상동성에 있으니까요. 이런 측면에서 분절된 언어는 어떻게든, 뭐든 의미하게 되어 있습니다. 단어와 오브제 사이에 상동성이 있는 것이 아닙니다. 다만 서로 유사하거나 논리적 연관성이 있는 거지요. 아니면 언어철학에서 나온 오래된 개념인데, 가령 액체처럼 흐르는 것 같은 유성의 반모음은 신체를 가리키는 데 적합하고, 무거운 오브제에는 아주 열린 모음을 쓰게 된다는 등.

샤르보니에   그러면 초현실주의자는 오브제를 표현, 즉 객관화·개체화함으로써 예술 작품을 제작하기에 전적으로 옳다는 말씀입니까? 이 의자가, 의자 기능은 상실해도 하나의 오브제가 되면, 완벽한 기법으로 어떤 합치를 이뤄낸 겁니까?

레비스트로스 글쎄요, 어쨌든 예술 작품이 오브제에 의미 작용을 함으로써 오브제 자체가 가지고 있는 구조와 관련 있는 또 하나의 의미 구조를 만들 수 있다고 봅니다.

샤르보니에 그러면 객관화 안에는 정의로라도 일치, 합치 같은 게 있는 거네요.

레비스트로스 오브제라는 구조는 지각 작용으로 바로 들어오는 게 아닙니다. 예술 작품을 통해서 그에 대한 인식과 지식의 진보가 가능해지는 거죠.

샤르보니에 그럼 이 진보는 객관화에 의해 구체적으로 가능해지는 건가요? 이렇게 되면 너무 쉬운데요.

레비스트로스 아니, 반드시 그렇지는 않지만 그럴 수 있다는 거예요. 장 오귀스트 도미니크 앵그르Jean Auguste Dominique Ingres, 1780~1867 같은 위대한 화가는 아, 이게 제가 보는 앵그르의 비밀인데, 그는 팩시밀리의 환상을 주면서(그 모티프와 뉘앙스의 아주 작은 디테일들을 이해하려면 인도의 숄을 생각해보세요) 동시에 지각 작용 너머에 있는, 즉 지각 대상의 구조 자체에 이르는 어떤 의미를 끌어냅니다.

샤르보니에　　그런 면에서라면 초현실주의가 정말 중요한 역할을 했군요. 조형예술 분야에서 '레디메이드ready made. 실용성과 분리된 기성품' 라는 것을 상상해내어 아주 중요한 개념을 제공했잖아요. 제 앞에 있는 이 마이크도, 제가 그냥 조각품이라고 결정하면 됩니다. 다 준비되어 있어요. 다 되어 있지요. 그러나 그 것을 최종적으로 완성하려면 인간이 관여해야 하는데, 제가 이것을 예술품이라고 결정하면 됩니다.

레비스트로스　　제가 정확하지 않으면 고쳐주시기 바랍니다. 레디메이드라 는 성격을 갖는 것은 어쩌다 하나의 오브제일 때가 아니라 적어도 두 개 이상의 오브제일 때 가능합니다.

샤르보니에　　단 하나의 오브제일 수도 있어요. 예를 들어 마르셀 뒤샹 Marcel Duchamp, 1887~1968이 생각했던, 병에서 물기 빼는 기구 말입니다.

레비스트로스　　그렇지 않아요. 그건 지하 저장실에 놔두는, 포도주병의 물 기 빼는 기구가 아니잖아요.

샤르보니에　　물론 그렇지요. 저도 말하고 싶은 게 그거였는데.

레비스트로스　　그건 가구 위에 놓일 수도 있고 거실에 놓일 수도 있어요.

샤르보니에　　저는 그것을 격리해놓고 싶어요!

레비스트로스   그러면 예술품이 안 됩니다. 그게 놓이는 맥락 때문에 예술품이 되는 거예요.

샤르보니에   그렇지요. 제가 그렇게 결정했으니까요. 실용품인데 제가 예술품이다, 하고 그냥 결정하면 됩니다.

레비스트로스   그거예요.

샤르보니에   그 반대도 됩니다. 어쨌든 기표와 기의를 따로 떨어뜨려 놓는 거지요.

레비스트로스   아닙니다.

샤르보니에   저는 두 구조를 가까이 놓으려는 게 아니에요.

레비스트로스   아니, 그런 겁니다!

샤르보니에   제가 보기에는 두 구조를 떨어뜨려놨는데요.

레비스트로스   제가 볼 때는 아닙니다. 당신과 생각이 좀 다른데요. 지하 저장실에 있는 물기 빼는 기구는 실제로 어떤 기의를 가지고 있는 기표입니다. 병의 물을 빼는 데 쓰이는 기구입니다만 그걸 거실에 있는 굴뚝 위에 놓았다고 생각해보세요. 물론 당신은 분리를 했지만, 그러면서 기표와 기의의 관계를 터져 나오게 한 겁니다.

샤르보니에   병의 문제가 아니지요!

레비스트로스   지금 당신은 의미 체계를 핵분열하고 있는 겁니다.

샤르보니에   네, 그런 거예요.

레비스트로스   그러나 이 의미의 핵분열은 다시 융합을 하기 위한 거예요. 당신이 오브제를 다른 오브제들과 가까이 놓음으로써 그 안에 이미 있는, 그것도 조화롭고 균형 있게 혹은 기묘하게 혹은 공격적으로 있는 어떤 구조적 속성을 다시 튀어나오게 한 거니까요. 자, 물고기가 있고 물고기 뼈대가 있고 그 물고기 뼈대 안에 여러 뼈들이 있습니다. 이렇게 원래 있는 잠재적 속성을 나타나게 한 겁니다.

샤르보니에   아, 알겠습니다. 이해가 갑니다. 그러나 기표와 기의를 분리하면서요.

레비스트로스   분리하지만, 그러면서 또 다른 기표와 기의를 예고 없이 불쑥 융합하게 한 겁니다.

샤르보니에   그거면 인정할 수 있습니다. 하지만 제가 진행한 건 분리입니다.

레비스트로스　좀 어려운 표현이고 과장된 도식처럼 보일 수 있지만, 지금 당신은 기표와 기의 관계에서 새로운 '균등 할당pérequation'을 한 겁니다. 이것이 가능한 분야에서는 가능하지만, 오브제의 초기 상황에서는 그렇게 시원스레 실현되지 않아요. 당신은 어떤 의미에서 지식 작업을 한 겁니다. 그러나 이것은 맨 처음의 맥락에서 지각 가능한 것이 아닙니다. 시인이 하는 것이 이런 거지요. 단어 하나를, 문장의 한 어투를 쓰는데, 매번 자기가 썼던 습관에서 나온 기법으로 하는 겁니다.

"어떤 맥락에 어떤 오브제가
있느냐가 관건입니다"

샤르보니에　그건 그렇죠. 그러나 마르셀 뒤샹이 이런 아이디어를 생각해냈을 때 저는 그가 무제한적인 길을 개척한 것이 아닌가, 아무 오브제나 표현하면 되는 건가, 뭐 그런 생각이 들더라고요. 어떤 오브제든 레디메이드라고 볼 수밖에 없어요. 여기서 물리적 실재에 이를 새로운 방법은 없을까요? 각각을 최대로 확대하여 예술 작품의 기능에 이르게 되는…….

레비스트로스　말하자면 어떤 오브제든 상관없고 어떻게 하든 상관없어요. 오브제 자체가 반드시 이런 잠재 가능성을 풍부하게 가지고 있는 건 아닙니다. 어떤 맥락에 어떤 오브제가 있느냐가 관건입니다.

샤르보니에 더 일반화할 수는 없습니까? 더 넓은 맥락에서의 모든 오
브제.

레비스트로스 저는 일반화할 수 있다고 믿습니다. 인류학자가 아니라 순
전히 사적인 편애로 하는 말입니다만, 만약 제가 미래의 그
림이 무엇이 될지 예언할 수 있다면, 저는 그게 일화가 담
겨 있으면서 극도로 형상화된 그림일 것이라고 봅니다.(그
러나 이런 용어는 어떤 의미에서 니콜라 푸생의 〈포키온의 장례
식 풍경〉 같은 작품에만 적용될 수 있겠지요?) 다시 말해 미래
의 그림은 인간인 이상 우리와 관계가 있는, 어찌 보면 유일
하고 객관적이면서 그 의미나 정신적인 면으로 전혀 만족스
럽지 않은 이 세계를 벗어나려고 하기는커녕, 더는 새로운
것을 시도하지 않고 가장 전통적인 그림의 기술을 완벽하게
응용하면서 자기 주변에 살 만한 세계, 아니 이미 자신이 놓
인 세계를 재현하려고 노력하는 그림이 될 것입니다.

샤르보니에 아! 그래서 당신이 고전 명작을 보존하시는군요. 저는 현실
자체를 위해서라면 명작이 사라져야 한다는 생각도 해봤어
요.

레비스트로스 네?

샤르보니에 예술에서 본질을 생각할 때 만일 예술가가 사라지면, 우리
가 배우게 될 교훈은 실재 자체가 예술 작품이다, 라는 게

니콜라 푸생, 〈포키온의 장례식 풍경〉, 1648

되지 않을까요? 어떤 오브제도 특별한 기능을 갖고 있지 않고, 어떤 오브제가 어떤 맥락 안에 있어도 더는 생각할 것도 없고.

레비스트로스 그 점은 제가 좀 짚고 넘어가야겠습니다. 이러다가 아주 위험천만한 혼동에 빠지겠어요. 오브제 자체가 예술 작품이 아니에요. 오브제들 간의 어떤 배치, 배열, 서로 가까이 놓음으로써 대조와 조화를 만들어내고 어떤 연관성을 만들어내는 것, 그게 예술 작품이죠. 언어에서 단어들 같은 거예요. 단어 자체도 사실 매우 모호한 의미입니다. 실은 거기에는 아무것도 없어요. 단어의 의미는 단어들이 여럿 있는 맥락 속에서 발생하지, 그 자체로 생기는 것이 아닙니다. 가령 꽃 혹은 돌 같은 단어는 그 단어가 하나만 있을 때에는 아주 모호합니다. 아무것도 아닐 수 있고 무한정한 오브제를 지칭할 수도 있지요. 단어는 문장 안에 있을 때만 그 의미가 가득 찹니다. 레디메이드 개념을 고안한 자들은 이를 완벽하게 인식하고 있거나 그렇지 않거나, 둘 중 하나입니다.(그러나 저는 그들이 인식을 했다고 생각해요. 초현실주의자들이 얼마나 격정적으로 이론적 사고를 했는지 아시잖아요.) 오브제들과 함께 만들어진 '문장들맥락'이 의미를 갖는 것이지, 오브제 단독으로는 아닙니다. 그렇게 하고 싶어도, 말하고 싶어도 불가능합니다. 오브제들의 맥락 안에서 오브제도 가능한 것이지요. 물론 그 한계가 짐작은 됩니다. 전적으로 구속적인 문명이라는 한계 안에서 그런 생각을 품는 거지만요. 그러니까 기술적이고 물질적인 세계…….

샤르보니에　그런 것을 예술 작품으로 생각하시는 겁니까?

레비스트로스　여러 기법으로 그것을 배열할 수 있습니다. 어떤 공리적이
고 과학적인 방법, 혹은 특별한 근거 없이 그냥 하는데 예술
적인 기법이 있지요. 그 두 가지 사이의 차이는 배치와 정
돈에 따라 달라질 뿐입니다. 자연사박물관에 조가비 하나가
있는 것과 어떤 애호가가 호기심으로 자기 식탁 위에 조가
비를 올려놓는 것은 같은 게 아닙니다. 조가비가 지닌 어떤
나선은 수학자들에게 수학적 수식이 될 수도, 기적처럼 놀
라운 오브제가 될 수도 있습니다.

샤르보니에　네. 조각가도 그런 걸 이용하지요.

레비스트로스　그러나…….

"이것은 극단의 지점으로,
즉 비대표성으로까지 밀려날 수 있는
일종의 대표성의 총합이지요"

샤르보니에　그러나 완전한 일치에 이를 수는 없을 것 같아요. 두 가지
배치를 완벽하게 합치하는 것 말입니다.

레비스트로스　그럴 수도 있지만 이런 길에서 좌초한다고 해서 그 운동에 제동을 가하거나 멈추게 하는 건 안 된다고 생각해요. 당신은 재배치라는 말을 문자 그대로 간단하게 착상해서 쓰고 있지요. 그렇지만 우리는 점점 더 분할되고 재구성적인 방향을 향해 멀리 나아갈 겁니다. 결국 무엇에 도달하게 될까요? 아주 섬세한 구상 회화? 그러나 이런 회화에서 화가는 풍경 앞에 단순히 서 있기 보다는 좀 다른 장소로 옮겨진 듯한, 달리 해석된 듯한 시각을 우리에게 줍니다. 중국의 동양 화가들이 멈추지 않고 끊임없이 해온 그 장엄한 풍경화 같은 것을 만드는 일에 착수하는 거지요. 현재까지 나타난 모순을 해결할 수 있는 게 있다면 바로 이런 방향성입니다. 이것은 극단의 지점으로, 즉 비대표성으로까지 밀려날 수 있는 일종의 대표성의 총합이지요. 이것은 요소들을 자유롭게 연상하고 조합하는 차원에서 이뤄집니다.

샤르보니에　아, 그렇다면 대표성과 비대표성이 실재 세계에서 서로 합치되면 좋겠네요.

레비스트로스　아주 커다란 풍경화 앞에서 내가 저기서 살면 어떨까 하는 상상을 충분히 하게 됩니다. 좀 놀라시겠지만, 이제부터 다소 마이너인 화가들을 제가 인용할 겁니다. 이상하긴 한데, 요즘 제가 감동받는 유일한 작품들은 그런 것이지요. 가령 조제프 베르네Claude Joseph Vernet, 1714~1789의 풍경화가 그렇습니다. 18세기 프랑스 바다와 항구를 그린 풍경화인데, 해양

조제프 베르네, 〈밤 : 청명한 달빛이 비치는 항구〉, 1771

박물관 대회의실에 걸려 있지요. 저는 이런 그림 속에서는 정말 잘 지낼 수 있습니다. 그것은 저를 둘러싼 세계보다 더 실재 같습니다.

제게 이런 그림이 가치 있는 이유는, 그 시대에 존재했던 바다와 땅의 관계 속에서 다시 살 수 있는 수단을 제공해서입니다. 지지학, 지리학과 식물 성장이라는 자연적 관계를 완전히 파괴하지 않고 다소 변경하는 것으로 제가 좋아할 만한 세계를 만들어, 우리 모두가 피난처로 삼을 만한 꿈의 세계를 제공해주거든요.

"우리는 같은 방향으로 가고 있어요.
다만 정확히 같은 방식으로
보지 않을 뿐입니다"

샤르보니에   당신의 차원에서는 말씀하신 것이 옳다고 인정해야 할 것 같습니다. 저는 방향을 잘못 잡고 방황하고 있는 것 같아요.

레비스트로스   우리는 같은 방향으로 가고 있어요. 다만 정확히 같은 방식으로 보지 않을 뿐입니다. 그림의 방향성 혹은 재방향성을요. 그림은 결국 장르의 그림에 이르게 될 겁니다.

샤르보니에   저는 모든 예술이 완전히 사라지고 실재 세계 자체가 인간에 의해 예술품으로 인정될 수도 있다고 생각하고 있어요.

레비스트로스   그래요? 그렇게 되면 인간은 그 안에서 금세 따분해질 수 있습니다. 잠재적인 속성을 부각하기 위해 오브제들을 재배치하는 방식은 모든 것이 가능하지만 충분히 제한적이기도 합니다. 어떤 시기에 이르면 한 바퀴를 다 돌고 다시 돌기에 이를 것입니다. 그 최고의 증거는 이게 우리 역사에서 최초가 아니라는 것이지요. 이런 장르의 것들은 예전에도 생산되어 왔어요. 정확하지 않으면 바로잡아주세요. 이 레디메이드에 대한 관심은 벤베누토 첼리니Benvenuto Cellini, 1500~1571에게서 나타났다고 볼 수 있을 것 같습니다. 그는 그의 기억 속에서 해변가를 산책하고 조가비를 줍고 파도가 만든 오브제들을 이야기하며 영감의 원천을 발견했습니다.

샤르보니에   네, 어떤 의미로는 다른 시대를 생각할 수 있지요.

레비스트로스   프랑스혁명 전야에는 신기한 진열장을 갖추는 게 아주 유행했어요. 잡다한 실내 장식물로 쓰려고 돌이나 조가비를 사는 게 유행했지요. 우리는 다시 이런 장르의 시대에 와 있습니다.

샤르보니에   그런데 요즘 레디메이드는 자연에서 차용하는 것이 아니라, 수공업으로 만든 제조물에서 차용합니다.

레비스트로스   알아요. 제조품 오브제.

벤베누토 첼리니, 〈프랑수아 1세의 소금 그릇〉, 1540

샤르보니에　　그래서 나무뿌리자연물보다는 고철문화물이지요.

레비스트로스　　네. 하지만 자연물이 문화물보다 더 풍부하죠. 동물·식물·
광물 종의 환상적인 다양성과 비교했을 때 제조품 오브제들
은 한 바퀴 돌면 끝입니다. 결국 새로운 성격의 레디메이드
를 생각해보면 도움이 되지 않을까요? 큰 원천으로 되돌아
가기 이전에?

샤르보니에　　네, 그러나 구분을 해야 해요. 우리가 지금 말하는 레디메이
드는 제가 아까 말한 그 레디메이드가 아니에요!

레비스트로스　　알겠습니다.

샤르보니에　　같은 게 아니에요. 제가 레디메이드 기능의 일반화를 말했
을 때는 한순간도 인간에 의해 제조된 오브제로만 한정한다
는 생각을 하지 않았어요. 녹에 의해 혹은 다른 변화에 의해
빛바랜 형태들에 한정한다는 생각도 하지 않았고요.

레비스트로스　　알겠습니다!

샤르보니에　　자연에 있는 것이면 뭐든 되는 거지요. 제가 생각한 건 그런
거였습니다.

레비스트로스　　네. 그러나 우리는 이미 우리가 아는 상황에 다시 놓였습니

다. 짧은 시기에 그 특성이 완성되어서요. 자연 예술이라고 부를 수 있는 것에서도 인간은 지루함을 느끼고, 인간이 만든 예술에 대한 노스탤지어를 새롭게 느낄 겁니다.

예술은 기호 체계인가

샤르보니에 클로드 레비스트로스, 제가 이미 던졌던 질문과 아주 비슷한 질문을 하나 해보겠습니다. 저는 사회학자도 아니고 인류학자도 아니지만, 제가 맞건 틀리건 현대사회에서 집단 내부에 단절이 있다는 것을 인정하지 않을 수 없습니다. 한집단이 경제 질서를 만드는 것에 참여할 때, 또 다른 집단은 문화의 분비물을 만드는 것에 참여하니까요. 당신의 연구 대상인 사회에서도 이와 비슷한 현상을 볼 수 있습니까? 물론 이 질문은 다음 질문을 내포하고 있습니다. 그 사회에서는 경제가 문화 안에 삽입되어 있습니까?

레비스트로스 같은 맥락이지만 인류학자가 연구 가능한 사회 전체에 적용할 수 있는 일반적인 답변을 내놓는 것은 매우 어렵습니다. 문화의 난해하고 신비로운 성격은 상당히 많은 사회에서 나타나지요. 종교 사제들 카스트나 주술사 신도회 같은 것들을 생각해볼 수밖에 없는데요. 당신이 묘사한 것과 비슷한 것을 이런 집단에서도 발견할 수 있습니다. 그렇지만 우리가 사는 사회와 관련해 당신이 방금 말한 단절은 똑같이 적용되지 않습니다. 우리 사회집단 내에서 단절을 보이는 사람들은 서로 다른 활동에 전념하면서 사적인 접촉이 없는 사람들이지요. 그러나 원주민 사회의 주술사들은 전문가이자 동시에 이웃입니다. 바로 옆집에 사는, 아는 사람이지요. 매일 만나는 사람입니다. 여러 가지 일로 볼 일이 많습니다. 종교와 무관한 일로도 서로 의견을 주고받습니다. 그는 주술사이고, 이런 칭호가 있으니 초월적 지식의 보유자라는 생각을 마음속으로 하면서도 이웃으로 여기는 겁니다. 그러나 우리 사회에서는 이런 이상한 요소를 갖춘 관계가 없습니다. 너무 간단하게 도식화한 것일 수 있는데, 우리 사회를 이런 식으로 설명할 수 있을 겁니다. 르노자동차 공장에서 일하는 노동자는 작곡자나 화가를 만날 일이 아주 드물다.

샤르보니에   네, 지금 해주신 말씀은 이해했습니다. 그런데 당신이 왜 그 예를 든 건지 생각해보면, 이 예는 제가 하고 싶었던 질문에 대한 정확한 답변을 주지 않기 위해서이거나 제가 질문을 잘못해서인 것 같습니다. 저는 르노자동차 노동자 옆에 경제 분야에 종사하는 모든 사람을 놓고 싶었거든요. 그 사이에 단절이 있다는 겁니다.

레비스트로스   다른 직종에 있는 사람들이 서로를 알거나 만나는 기회는 많지 않아요. 우리 사회에 그런 집단의 총량도 늘어나고 그 비율도 대단히 높아진 것 같지 않나요?

"우리 사회와 아주 다르고
멀리 떨어져 있는 사회를
외부에서 보는 것과 내부에서 보는 것은
전혀 다른 차원입니다"

샤르보니에 그렇지요. 서로 알게 되어도 어떤 불신 같은 것이 존재하지요. 어떤 지식 체계들에 대해 무조건 거부하는 식의 불신이 있는 거 같아요. 저는 분명 '체계들'이라고 복수로 말했습니다. 제가 말한 것이 학문적 지식에만 해당하는 건 아니기 때문이에요. 그럼 제가 말한 것이 예술적 지식에도 적용될 수 있을까요? 잘 모르겠습니다. 보편적으로 말하면 문화를 분비하는 자는 학자이거나 예술가입니다. 지식인들은 모든 칭호를 갖고 있지만, 우리 사회에서는 좀 무미無味한 거 같아요. 무미할 뿐만 아니라 불신도 큽니다. 국가, 아니 그보다는 사회집단의 다른 사람들도 지식인을 불신하지요. 제가 궁금한 게 바로 그런 거예요. 원시사회에서도 그랬느냐는 거지요.

레비스트로스 우리 사회와 아주 다르고 멀리 떨어져 있는 사회를 외부에서 보는 것과 내부에서 보는 것은 전혀 다른 차원입니다. 설령 그 안에 있어도 알 수 없는 것이 있지요. 그게 바로 흥미로운 점이에요. 차이가 있고 또 비슷한 것들이 있지만 말로 할 수는 없어요. 절대적 불가능이 있어요. 그런데 자꾸 그런 것을 묻고 계시는 겁니다. 용어 안에 모순이 있으니까요. 만약 우리가 이 사회 안에서 우리의 조직 형태와 같은 것을 발견한다면…….

샤르보니에   우리 사회 체계가 아닌 데서 우리 사회 체계를 드러내주는 거죠.

레비스트로스   맞습니다.

샤르보니에   알겠어요. 우리 사회 내부에서 어떤 접촉이 있다면, 제가 생각하는 이런 단절은 없다는 거지요?

레비스트로스   아, 아닙니다. 그게 더는 존재하지 않을 수 있다고 말하는 게 아닙니다. 제가 앞서 말한 것과 모순될 위험이 있군요. 수백 명 혹은 수천 명으로 이루어진 훨씬 작은 사회 안에서 이런 사적인 접촉이 가능하다면, 제가 지난번에 '정통한 정도'라고 불렀던 것이 개인들 사이에 존재할 수 있습니다. 그러나 거기에는 정해진 단절이 있지요. 난해하고 신비한 지식 때문이 아니라 전문성 때문에요. 게다가 둘 사이에는 경계선이 없어요. 가령 탁월한 도공陶工인 여성이 있다면, 그녀는 초자연적인 세계와 어떤 친밀함을 가지고 있고 신비한 힘을 보유했으며 가문의 업을 이었거나 그런 능력을 산 것, 받은 것이라고도 볼 수 있어요.

샤르보니에   그러면 당신이 연구하는 사회에서 우리가 '예술'이라고 부르는 분야를 예로 들면요? 모든 사람이 집단의 예술을 인정합니까? 무조건적으로?

레비스트로스 물론이지요. 사실 예술은 집단의 생활에 내밀하게 들어와 합해집니다. 당신이 직감적으로 알아본 이런 차이를 표현할 수 있는 공통의 언어를 찾아본다면, 물론 그것을 논리적으로 표현하는 것이 어렵기 때문에 저는 그것을 피하고 싶습니다만…… 우리가 원시적이라고 부르는 사회 안에서 당신이 가지고 있지 않은 것, 혹은 당신이 예외적으로 가지고 있는 것(이렇게 일반 법칙을 만들어야 제가 방어할 수 있을 겁니다)은 예술 활동을 우리의 현대 개념에 기초한 것으로 볼 때 보통 창작자와 관객, 음악에서는 연주자와 청자의 관계일 겁니다. 이런 이원성은 원시사회에서 예외적인 방식으로만 존재합니다. 예술의 기능이 같지 않기 때문입니다. 여기서는 예술 작품에 대한 기호와 그 역할이 훨씬 비판받기 쉽습니다. 어쨌든 이런 사회에서는 예술이 예술에 귀속된 사회적 기능에 훨씬 정확하게 부응합니다.

샤르보니에 예술이 존재하는 언어라는 개념 없이요.

레비스트로스 예술이 전적으로 문자적인 방식으로 존재한다는 생각, 그렇다면 그림문자를 생각하지 않을 수 없습니다. 이 그림문자는 언어와 예술 작품 사이, 그것들의 도중에 있습니다. 특히 우리가 작품들에서 알아보는 풍부한 상징은 원시사회의 모든 주민들이 가지고 있었던 건 아니지만 그래도 상당수가 가지고 있었던 거예요. 북아메리카 인디언들이나 수단, 콩고, 그보다 훨씬 이남의 아프리카 몇몇 부족들이 그랬습니다. 가장 실용적인 오브제는 일종의 상징들이 응축된 것으로, 창작자만이 아니라 이용자들도 아는 상징이었습니다.

샤르보니에   그렇지요, 우리만 그러는 건 아닙니다.

레비스트로스   가장 단순한 것들 가운데 하나의 예를 들면, 어떤 아프리카 부족들은 부인과 남편이 함께 식사를 하는데, 관습상 하는 게 아니고, 이 방식으로 서로 이야기를 합니다. 음식 먹기는 우리 사회에서도 배설만큼이나 은밀하고 내밀한 것이지요. 이 부족에서는 여자가 남편에게 고언苦言을 하고 싶으면, 먼저 목수에게 국그릇 세트 같은 것을 만들어달라고 주문하는데, 여기에 통상적으로 사용되는 속담과 관련된 상징적 모티프를 장식하게 합니다. 아프리카 사회에는 속담이 아주 풍부하지요. 그러니까 이 방식은 여자가 메시지를 담는 그릇이 되는 것과 같습니다. 남자는 그 안에 담긴 음식물을 소비하는 사람이고요. 이 방식 자체가 하나의 메시지이며, 수신자에 의해 해독된 메시지가 되고 상담 전문가의 조언이 되는 겁니다.

샤르보니에   그렇군요. 우리가 하는 예술과 민속의 구분을 생각해서는 안 되긴 하지요.

레비스트로스　다시 말해 집단 문화에서는 예술 혁신을 하는 훨씬 빠른, 거의 매개 없이 이뤄지는 즉각적인 흡수가 많지요. 차이가 있다면 속성보다는 등급의 차이일 겁니다. 우리는 민속예술이 집단 무의식의 가장 깊은 곳에서 만들어진다고 믿는 경향이 있습니다. 어떤 민속예술 형태에는 아주 먼 과거로까지 거슬러 올라가는 무엇이 있다고 보지요. 어떤 경우 그것은 사실입니다. 그러나 항상 그런 건 아니에요. 바퀴 형태나 장미꽃 모양의 모티프는 지금도 민간 거주지에서 흔히 볼 수 있습니다. 브르타뉴 지방이나 바스크 지방에 많지요. 매우 고대적인 기원을 갖습니다. 유럽과 아프리카 주변에서도 볼 수 있고요. 반면 원무元舞나 동요 같은 것은 아주 먼 과거에서 온 유증이 아닙니다. 18세기 파리에서 유행했던 것으로 귀족 혹은 부르주아 사회에서 민간층까지 내려왔고, 그게 나라 전체로 확산된 거지요.

우리가 민속예술이라고 부르는 것 뒤에는 이렇게 굉장히 복잡한 것들이 있습니다. 이중적 움직임이 있어요. 하나는 보존하려는 것과 다른 하나는 통속화·대중화하려는 것이지요. 그 테마들을 말입니다. 귀족적 테마가 기원인 예술을요.

"예술은 문화를 통해 자연을
훨씬 더 높은 수준에서 포착합니다"

샤르보니에　인류학자는 예술과 관련한 것이라면 어떤 것도 이상하거나 낯설지 않은가 봅니다. 항상 그런 결론이지요.

레비스트로스   분명 무관심할 수는 없어요. 우선 예술은 문화의 한 부분이
          니까요. 아마 이게 더 분명한 이유겠지만, 예술은 문화를 통
          해 자연을 훨씬 더 높은 수준에서 포착합니다. 인류학자들
          이 연구하는 원시사회 집단에서 나타나는 현상과 같은 유형
          이지요.

샤르보니에   그렇다면 예술은 항상 언어라는 건가요? 언어를 구성한다
          는 거지요?

레비스트로스   물론입니다. 그러나 아무 언어로나 하는 건 아닙니다. 우리
          는 이미 이런 장인적 성격에 대해 이야기했는데요. 그건 모
          든 미술적 표현들의 공통분모입니다. 예술에서 예술가는 결
          코 원재료를 장악할 수 없고, 사용하는 기술적 과정도 장악
          할 수 없습니다. 만일 할 수 있다면 그건…… 이게 바로 우
          리가 곧 깨닫게 될 현상의 보편적 이유가 되겠네요.

샤르보니에   그게 가능하다면 예술은 더 이상 없는 거지요.

레비스트로스   그게 가능하다면 자연의 절대적 모방에 이르겠지요. 모델과
          예술 작품 사이의 동일성은 있을 겁니다. 그러나 자연의 재
          생산을 달성하는 것이지, 엄격히 말해 문화적 작품의 창조
          는 아닙니다. 한편 작품과 그 작품에 영감을 준 오브제 사이
          의 관계가 없다면, 우리는 예술 작품이 아니라 언어적 지시
          체를 대면하게 되는 거예요. 페르디낭 드 소쉬르Ferdinand de

Saussure, 1857~1913가 말한 것처럼 언어의 고유성이란 의무적으로 의미를 띠어야 하는 것과 상관없는 기호 체계에 속합니다. 만일 우리가 예술을 의미 체계로 파악하거나 의미 체계 전체로 파악한다면, 그것은 언어와 오브제 사이에 항상 있게 됩니다.

샤르보니에   미술비평을 읽다 보면 '언어'라는 단어가 자주 사용된다는 것을 알게 됩니다. 당신이 정의한 그 의미와 정확히 같지는 않겠지만요. 예술비평가가 인류학자는 아니니까요. 그런데 여기서 언어라는 단어는 아무것도 포함하고 있지 않다는 느낌이 듭니다.

레비스트로스   사실상 언어라는 단어를 남용하고 있지요. 아니면 일반적으로 사용하는 표현일 수 있고요. 예술비평가 또는 예술가는 언어라고 말할 때, 메시지처럼 어떤 것을 가리키고 싶어 하는 것 같습니다. 관객에게 혹은 청자에게 말을 거는 거지요. 그런 맥락에서 언어라는 말을 씁니다.

샤르보니에   네. '메시지'라고 말하지 않으려고 '언어'라는 단어를 쓸 수는 있어요.

레비스트로스   그래요. 메시지는 신비한 의미 작용인데 너무 쉽게 혹은 완전히 잘못 쓰이곤 합니다. 메시지라는 용어가 소통기술자들에 의해 이용되기 때문이지요. 전달하고자 하는 무엇을 명확하고 객관적인 방식으로 전달하다, 라는 의미로 사용하지 않습니까?

"예술에서 언어 혹은
메시지를 발견하게 되면
예술은 더 이상 없는 것과 같습니다"

샤르보니에   그것은 예술가에게 메시아 같은 단어입니다. 그래서인지 많은 예술가들에게 불신을 풍기지요.

레비스트로스 물론입니다. 그러나 언어라는 용어가 위험하지 않은 건 아니에요. 우리는 방금 모든 예술이 언어라고 말했습니다. 그러나 보통 그 반대가 되지요. 예술에서 언어 혹은 메시지를 발견하게 되면 예술은 더 이상 없는 것과 같습니다. 만일 예술이 언어라면, 그건 의식적 사고 안에서 하는 말이 아닐 겁니다. 예술가가 배치를 위해 이용하는 모든 수단이 그만한 기호들로 구성됩니다. 예술 작품의 기능은 오브제를 의미하게 만들고, 한 오브제와 의미 관계를 세우는 것에 있다고 봅니다.

샤르보니에   예술과 의미 사이에 어떤 관계가 있을까요? 또 어떤 차이가 그 사이에 자리하고 있을까요? 용어의 언어적 측면에서요.

레비스트로스 분절된 언어는 임의적인 기호 체계입니다. 의미하는 오브제들과 감각적 상관성이 없어요. 한편 예술에서는 기호와 오 브제 사이에 감각적 관계가 계속해서 존재하지요.

샤르보니에   시와 연관해서 말씀해주실 수 있나요? 시는 단어를 사용합 니다. 즉, 언어 분야에 있지요. 그런데 언어 밖에서 무엇인가 를 의미한다고 하잖아요.

레비스트로스   맞아요. 시의 경우에는 좀 조정을 해야 합니다. 아니면 방금 제가 제안한 뜻의 기본만 바꾸거나 적어도 표현을 바꿔야 해요. 예술은 오브제와 언어 사이, 중간에 있어요. 시는 언어 와 좀 더 보편적 의미의 예술 사이에 있습니다. 그림이 오브 제 앞에 있는 것처럼, 시는 언어 앞에 있습니다. 언어는 그 첫 번째 원료가 됩니다. '의미하다' '뜻하다'를 위해 제안되 는 첫 번째 원료가 되는 거예요. 우리가 대화를 통해 전달하 는 그런 개념 혹은 관념이 아니라 대화 전체 혹은 그 조각들 을 구성하는 커다란 언어적 오브제들이지요.

샤르보니에   언어가 진짜로 하고 있는 것에 대해 속고 있는 건가요? 시 인은 단어를 개념적으로 사용하는 것을 부차적으로, 수준이 낮은 것으로 생각합니다.

레비스트로스   좀 억지 비교를 하자면, 시인은 아주 가벼운 원자들에서 시 작하여 점차 무거운 원자들을 만드는 기술자처럼 언어를 대 면하면서 하나씩 행합니다. 시인이 제조하는 언어 오브제들

콜레주드프랑스에서 인류학을 가르치는 레비스트로스, 연도 미상

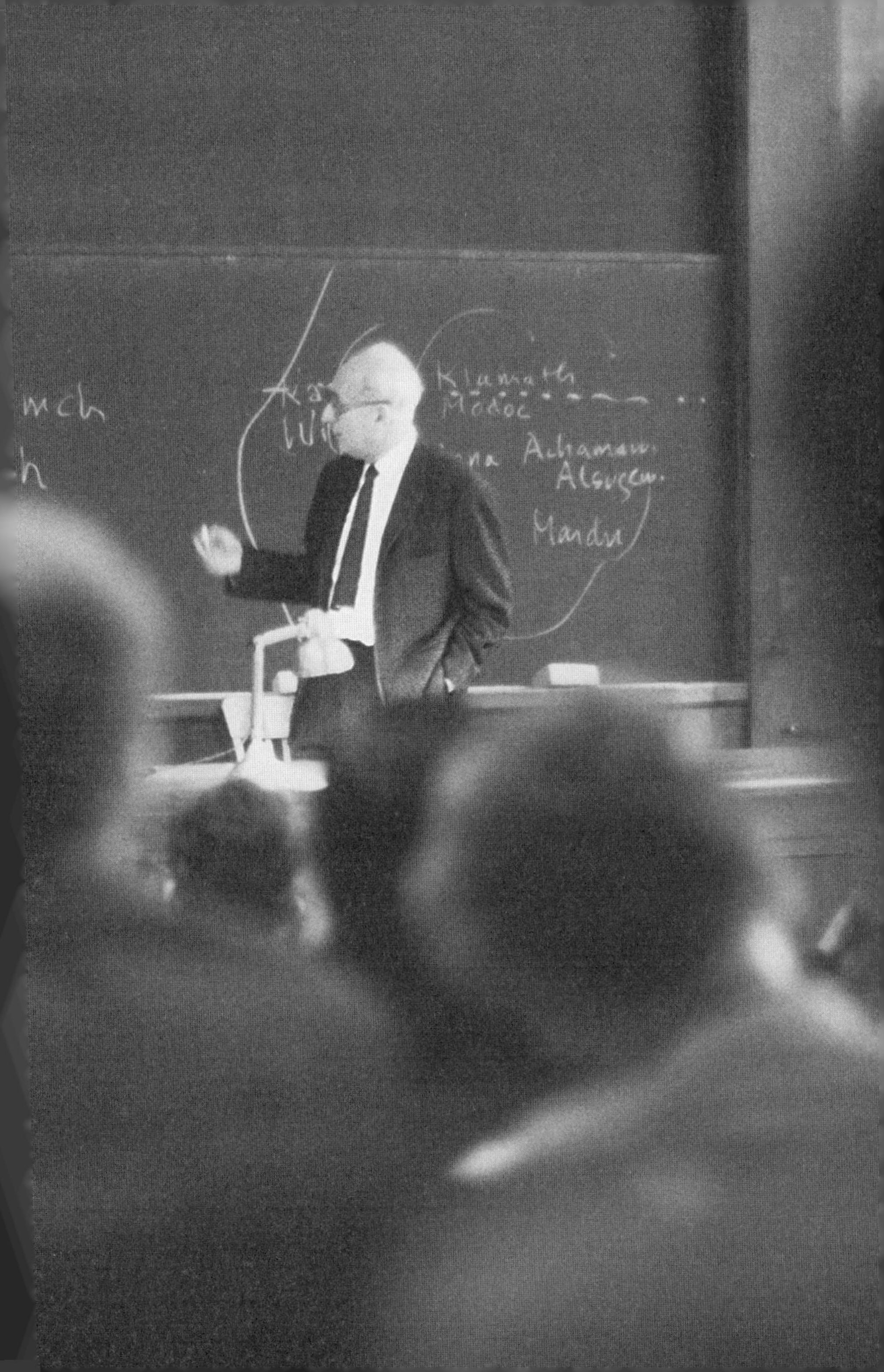
Klamath
Modoc

은 산문의 그것보다 훨씬 무겁습니다. 언어 표현에 새로운 차원을 심는 거지요. 분명 전통적 시에는 부차적인 요구 사항들이 재현되어 있는 것을 볼 수 있습니다. 운, 글자 수, 운율법에서 말하는 규칙들이요. 아니면 시인은 랭보처럼 해체를 하면서 동시에 구축하는 진행을 합니다. 따라서 시는 두 형식 사이에 있는 것 같습니다. 언어적 통합 형식과 의미론적 비통합 형식.

샤르보니에 두 가지를 동시에 하는 거지요.

레비스트로스 네, 물론 이건 나눌 수 없습니다. 그러나 언어를 오브제로서 취하는 게 관건이지요. 이 오브제에 보충적 의미를 덧붙이기 위해, 혹은 이 오브제에서 그 의미를 추출하기 위해 빻고 반죽합니다.

샤르보니에 그렇습니다. 시인이 주장하는 이런 역설은 다른 예술가들도 하는 건데, 시인의 경우 훨씬 분명하고 단호하게 하지요. 시인은 의미를 띠게 하지 않으면서 의미를 띠게 합니다. 시인의 말에 따르면, 그들은 언어에서 완전히 빠져나오기 위해 언어를 이용하며, 의미화를 완전히 멈춘 상태로 말을 합니다. 논리적으로는 불가능하지만 무슨 말인지 저는 알겠어요.

레비스트로스 아닐 수도 있고, 그럴 수도 있습니다. 당신이 어떤 의미로 그 말을 했는가에 달려 있어요. 만일 예술적 표현, 즉 조형적·시적·음악적 표현이 분절된 언어가 아닌 하나의 언어가 되기를 원한다면 당신 말이 정확히 맞아요. 그러니까 회화나 음악에서는 언어를, 우리가 쓰는 분절된 언어가 아니라 다른 언어를 쓰니까요. 반면에 어떤 예술가가 모든 가능한 언어, 착상해볼 수 있는 언어가 아닌 의미 부여를 위한 언어를 한다면 이 용어에는 모순이 있어 보입니다.

샤르보니에　제가 당신의 말을 이해는 하지만 용어에 모순이 없는 것은 아니에요. 예술가가 자기 이름을 가지고 무엇인가를 의미하려 한다고 말하는 것은 저도 아닙니다만, 시인이건 화가건 예술가가 하는 모든 말에는 이런 의지가 담겨 있습니다. 음악가의 경우는 좀 다르지요. 저는 음악가가 시인이나 화가처럼 말하는 것은 거의 보지 못했어요. 그 어휘도 다르고 주장도 달라 보여요.

레비스트로스　네. 그러나 여기서 구분을 해야 해요. 당신은 예술가의 심리적이고 주관적인 태도를 환기한 것일 수 있어요. 무엇보다 중요한 것은 예술가가 생각한 것이 아니라 예술가가 한 것을 보는 겁니다. 생각한 것을 말하려면 그냥 간단하게 책을 쓰면 되지요. 시를 쓰고 작곡을 하고 그림을 그릴 필요가 없어요.

샤르보니에　당연합니다.

레비스트로스 따라서 당신이, 당신이 아는 예술가들이 스스로 자신들의 열망이나 주의 주장doctrine을 논리적으로나 철학적으로 받아들일 수 없는 방식으로 만든다면, 저는 이렇게 대답하겠어요. "그건 중요하지 않아요."

"중요한 것은 그들이 하는 것이지,
그들이 한다고 믿는 것이 아니라는 겁니다"

샤르보니에 저도 예술가들이 자기가 생각한 것을 그대로 다 표현한다고는 생각하지 않아요. 그만큼 명료하게 표현할 수 있는 것도 아니고, 그만큼 명료하게 역설을 만들어내는 것도 아니에요. 그러나 그들의 용어를 파헤치다 보면 항상 이런 모순에 이르게 되더군요.

레비스트로스 중요한 것은 그들이 하는 것이지, 그들이 한다고 믿는 것이 아니라는 겁니다.

샤르보니에 물론이에요.

레비스트로스 하물며 예술가들은 스스로에게 제시하는 주관적 동기들이 있어요. 흔히 모든 종류의 창조 혹은 발견을 살펴보면 그것을 만든 자의 기법 속에서 의식 같은 것이 보이고, 그게 어느 정도 결과물로 나와 있는 것을 보게 되지만, 그것이 그가 얻은 객관적이고 최종적인 결과물과 완전히 동일한 것은 아니지요.

샤르보니에   그렇습니다. 그러나 저는 이런 생각도 해요. 어쨌든 예술가는 분석이 절대로 뚫고 들어갈 수 없는 어떤 분야나 영역에서 원하는 것을 몽땅 길어내고 싶은, 전부 끌어내고 싶은 강렬한 욕망으로 그런 표현을 하는 거라고요. 예술과 예술에 대한 지식을 구분하는 것은, 예술가에게는 분석 대상이 아닌 것에 대해 생각하는 것이며, 절대 숫자를 적용할 수 없는 어떤 것을 행하는 것입니다. 거기서 예술가의 가장 중요한 원동력을 볼 수 있지요.

레비스트로스   그가 그것을 생각하건 생각하지 않건 중요하지 않아요. 미적 창조 행위를 분석하는 심리학자에게는 중요하겠지요. 그러나 진짜 문제는 이겁니다. 실제로 무엇을 하는가? 무엇을 생각하고 하는 것이 아니라 하고 있는데, 아마 자기와는 상관없이, 자기 의도와 무관하게, 그것이 언어에 다시 덧붙여진 기호 체계를 만든 셈이 되고, 다른 모든 기호 체계 옆에 존재할 수 있게 되었다는 것. 제가 보기에 가장 위험한 것은 '나는 새로운 기호 체계를 만든다' '나는 새로운 코드를 만든다'라고 생각하는 겁니다. 사실은 아무것도 만든 게 아니고, 아마 유사 코드를 만든 거겠지요. 고백하자면 저는 추상주의, 이른바 추상적이라고 불리는 회화 앞에서 흔히 이런 느낌을 받습니다. 방금 제가 언어와 예술 사이의 구분을 말했는데, 여기서는 이게 사라져 있거든요. 아마 추상화에는 기호 체계가 있을 겁니다. 이 기호 체계는 오브제에 비해 임의적이지요. 우리에게 중요하게 부과되는 언어는 여전히 미적 감동이 있는 언어이거나 그냥 뭐든 상관없이 기호 체계이기만 하면 되는 것입니다. 철도 교통 체계처럼 네모나거나 둥글거나 색을 달고 있거나 운전사들을 위한 어떤 의미이기만 하면 됩니다. 길이 열려 있습니다, 길이 닫혀 있습니다, 다른 방향에서 기차 한 대가 옵니다, 건널목에서는 천천히 운행하세요, 이런 식으로요. 아시겠습니까? 이런 기호 체계는 자의적인 것입니다.

샤르보니에   확실합니까?

레비스트로스   무슨 뜻인가요?

샤르보니에   기호 체계들이 임의적이라는 게 확실하냐고요? '건너시오'라고 하기 위해 초록색을 사용하고 '멈추시오'라고 하기 위해 붉은색을 사용한 것이 아마 우연은 아닐 겁니다.

레비스트로스   제가 모순에 빠지는 걸 원하시나 봅니다. 어디선가 그런 체계가 완전히 자의적인 것은 아니라고 말한 적이 있어요. '길이 자유롭지 않다'라고 할 때 절대 초록색을 쓸 수 없는 건 아니고 '통행해도 좋으니 건너시오'라고 할 때 절대 붉은색을 쓸 수 없는 것도 아닙니다.

샤르보니에   오히려 반대가 아닐까요.

레비스트로스   아닙니다. 붉은색은 계속 붉은색으로 있을 겁니다. 즉, 물리
           적·심리적 흥분의 원천으로요. 거기에 전적으로 임의적이
           지 않은, 우리 반응의 뉘앙스들이 붙는 겁니다.

샤르보니에   그렇다면 '멈추시오'를 의미하기 위해 붉은색을 선택하는
           게 더 역설적으로 보이는데요.

레비스트로스   그렇습니다. 실제로 그럴 수 있어요.

샤르보니에   도리어 지나가라고 자극할 수 있고요.

레비스트로스   열기의 신호로 붉은색을 택할 수도 있어요. 소통성으로는
           초록. 그러나 거기에는 반대로 얼어붙게 하는, 약간 유독한
           게 있을 수 있지요.

샤르보니에   그러면 여기서 깊고도 밀접하게 연관된 의미를 찾을 수 있
           겠네요.

레비스트로스   그러니까 이 의미는 아무것도 없는 빈약한 것이 아니라는
           겁니다. 우리가 사용하는 기호 체계는 분명 임의적으로 보
           이지만, 이론적으로 우리가 믿고 싶은 것과 완전히 동일하
           지 않습니다. 아주 큰 차원에서 이뤄지는 것이므로, 입체주

의 화가나 고전파 화가 혹은 음악가가 사용하는 기호나 상
징과는 비교할 수 없는 거지요.

코드의 요구들

샤르보니에   추상화가는 오브제에서 떨어져 나오려 한다고 방금 말씀하셨지요. 정확합니다. 그러나 모든 자연에서 나오겠다고 하는 것은 아닙니다. 오히려 거기에 붙으려고 했지요. 추상화가가 오브제를 포기하는 차원이란, 그렇게 함으로써 더 많은 것을 말할 수 있어서입니다. 오브제는 하나의 불편함입니다. 하나의 한계예요. 묘사의 의무감을 느끼지만 신속하게 종합하기는 불가능합니다. 그래서 추상화가는 이렇게 말할 수 있지요. 추상적 화폭은 내가 할 수 있는 가장 빠른, 가장 완전한 종합이다. 만일 내가 나를 하나의 오브제로 한정하고, 그 오브제를 재구성하는 데 한정한다면. 완전함과 총합이 논리적으로 연관된다면 말입니다.

레비스트로스   제가 이런 화가에 대해 어떤 태도를 갖고 있는 건 아닙니다. 그런 인상을 주고 싶진 않네요.

샤르보니에   아, 알지요. 하지만 설명을 해보고 싶었던 건데…….

레비스트로스 저는 완전히 부정적이에요. 물론 그게 저를 매혹하고 유혹
할 수도 있겠지요. 색이나 형태는 충분히 큰 매력이 있어요.
그런데 추상화 앞에 있으면 항상 이런 망설임을 느끼게 돼
요. 내 벽에 그림을 걸을까? 그런데 떠다니는 나뭇조각에서,
무기질 부스러기에서 내가 느꼈던 만족감을 이 그림에서도
느낄 수 있을까? 나는 공작석 판이나 마노 조각에서도 정말
섬세한 모티프와 찬란하게 빛나는, 깊고 심오한 색감을 느
끼지 않았던가? 그것들이 내 꿈을 더 감미롭게 만들고, 내
사유를 더 자극하지 않았던가? 사물의 질서와 같은 질서를
가지고 있지만, 제가 추상화에 그다지 매력을 느끼지 못하
는 건 바로 이래서예요. 의미를 띠려고 하는 게 별로예요.

"화가의 의도가 있고,
작품이 만들어진 시대의 의도가 있고,
그 의미를 명백히 보여주려는 경향이 있습니다"

샤르보니에 의미를 띠려고 한다? 좀 더 명확하게 설명해주실 수 있나
요?

레비스트로스 기표적인 성격이 있다는 겁니다. 의미를 띠는 성격이라고
하면 명확하게 들어오지 않겠군요. 그림에는 그런 게 다 있
으니까. 화가의 의도가 있고, 작품이 만들어진 시대의 의도
가 있고, 그 의미를 명백히 보여주려는 경향이 있습니다.

샤르보니에	네! 화가가, 아니 추상화가가 제 앞에 있으면 그런 말을 할 수도 있을 거 같습니다. 화가는 화폭 위에 색을 칠하는 사람이 아니니까요.

레비스트로스	그래요. 그러나 우리가 여기서 이름을 인용해선 안 됩니다. 우리가 이름을 가지고 논쟁하는 건 아니니까요.

샤르보니에	인용할 수 있는 이름들이 있긴 해요. 가령 피에르 술라주Pierre Soulages, 1919~나 한스 아르퉁Hans Hartung, 1904~1989. 그런데 이들 그림 앞에 있으면 인간을 다 안다는 느낌이 들어요. 그들의 정치적 견해까지도. 극적인 사례로 보이는 거예요. 제가 볼 수 있었던 것을 정확히 보는 것 같고, 원시미술에서나 볼 수 있었던 것을 보는 것 같기도 해요. 이런 각도에서 사회를 공격하는 거지요.

레비스트로스	그런 경우는 가능성을 완전히 인정해야 하는 거 아닐까요? 그게 바로 현실입니다. 왜냐하면…….

샤르보니에	아주 명확하게 구분을 할 수 있다고 생각해요. 절대적으로 비非기표적인 붓질 안에 있는 것과 단지 장식적인 조직 안에 있는 것을요. 가끔 어떤 그림에서는 하나의 도약이 표현됩니다. 인간이 표현되지요. 가령 제가 조르주 마티외Georges A. Mathieu, 1921~2012라는 사람을 직접 봐도 저는 그 사람이 누군지 잘 모릅니다. 마티외라는 화가를 봐도 그게 마티외인지 모를 수 있습니다. 그런데 술라주의 그림을 보면, 저는 그 그림을 볼 때만큼은 그게 술라주라는 것을 압니다. 어떤 경우 그림은 인간의 시적인 표현일 수 있습니다. 어떤 경우는 이런 단계에 전혀 도달하지 못하지만요.(그것에서 벗어나 자유롭게 그린 것이라고 말하지만…… 그건 알겠지만요.)

레비스트로스　그렇군요! 이런 장르의 그림에서는 화가가 자기 형식에 충실하다고 믿는 걸까요? 아니면 해도 잘 안 되어서 그 형식에 미치지 못한다고 생각하는 걸까요? 의미적 상관성, 오브제와 작품의 관계를 보면 배제되었던 것들이 은밀한 방식으로 다시 들어오는 거 아닐까요?

샤르보니에　그럴 수도 있겠지요. 그러나 저는 그런 식으로 되는 게 아니라고 생각합니다.

레비스트로스　음악에서 예를 들어보겠습니다. 우리는 음악에서 약간 비슷한 상황을 보는데, 이게 토론하기에 훨씬 쉬울 것 같네요. 아마 당신이 저보다 많이 아시겠지만 제가 아는 선에서는 어떤 추상화가도 하나의 시스템을, 하나의 코드를 세우지 않았어요. 각자 자기만의 코드를 만들어갈 뿐이지요. 그림을 그리면서 서서히 변화를 주고요. 한편 '음렬주의Musique sérielle'라는 음악은 새로운 문법을 위해 의식적이고 체계적인 시도를 합니다. 그리고 우리에게 제시하지요. 전통적 문법을 대체할 만한 것을 만들어내는 데 성공했습니다.

샤르보니에   그렇군요. 그러나 그렇게 동떨어져 있는 것 같지는 않은데.

레비스트로스   특히 여기서 기능하는 것이 문법인데, 이게 운율법입니다. 그것은 시적인 규칙이지요. 하지만 언어적 규칙은 아닙니다. 언어적 규칙의 본질은 자체적으로 임의적인 소리를 가지고 한다는 것입니다. 그것들이 미분되면서 의미 작용이 생기는 거지요. 이 소리들은 두 항의 대립 체계 안에서 통합됩니다. 의미를 미분하는 데 사용되는 분절적 가치 안에서 논리적 서열이 세워져요.

한편 음렬 코드가 어떻게 그런 서열을 유지하게 된 건지 혹은 재발견하게 된 건지는 명확히 모르겠습니다. 대립이라는 개념이 잔존해서일까요. 그러나 위치가 체계적으로 분절되지는 않습니다. 한마디로 코드는 의미론적이라기보다 표현적이라고 봐야 할 것입니다. 그런데 우리가 한 작품을 정확히 음렬적인 것이 아니라 가령 알반 베르크Alban Berg, 1885~1935의 〈보체크〉처럼 12음기법dodécaphonisme, 12개의 반음으로 하나의 음형을 만들어 곡 전체를 변주로 작곡으로 들으면, 우리는 전혀 조화를 깨뜨리지 않는 음악을 듣는 느낌이 듭니다. 그러나 전통적 음악의 의미 체계에서는 음계 안에 음들의 서열성이 있고, 바로 그것이 표현되는 걸 우리가 알 수 있지요. 그것을 감각적으로, 음조적으로 파악하는 겁니다. 아니면 더 우세하게 들리는 것 위주로요. 음악가가 그것을 원했건 분명하게 파악하지 않고 했건, 그 엇비슷하거나 등가적인 것을 우리는 듣게 됩니다.

샤르보니에 　어떤 각도에서 이런 구상음악Musique concrète을 고려 대상에
　　　　　　 넣게 되었나요?

레비스트로스 　제게 구상음악은 우리가 말하고 있는 추상회화와 아주 가깝
　　　　　　 습니다. 그것은 요소들의 조합이며, 화가나 작곡가의 내밀
　　　　　　 한 취향이 작용하지요. 그러나 의미론적 규칙이 아니라 그
　　　　　　 것의 외부에서 이뤄집니다. 우연히 어떤 의미가 솟아오르는
　　　　　　 격이지요. 마찬가지로 우리가 우연히 자연 오브제를 볼 때
　　　　　　 를 떠올려보세요. 조약돌이나 열매껍질을 보면 거기서 갑자
　　　　　　 기 어떤 의미가 발견되고, 마치 꽃 하나를 본 것도 같고 동
　　　　　　 물 하나를 본 것 같을 때가 있습니다.(그러나 제가 여기서 의
　　　　　　 미라고 했을 때는 어떤 것과의 유사성을 내포하고 있다는 게 아닙
　　　　　　 니다. 가령 뿌리가 용을 닮았다든가 하는…….)

"오브제 안에 있는 어떤 구조를 불쑥 알아볼 때,
미적 감동이 밀려오지요"

샤르보니에 　아, 알겠습니다.

레비스트로스 　간단히 말해 우리는 하나의 구조로 무엇인가를 불쑥 알아
　　　　　　 보는 것입니다. 오브제 안에 있는 어떤 구조를 불쑥 알아볼
　　　　　　 때, 미적 감동이 밀려오지요. 그것은 우연의 효과일 수 있습
　　　　　　 니다. 예술가가 그것을 파악하지 않았어도, 원하지 않았어
　　　　　　 도 그렇게 보일 수 있다는 것입니다. 실제로 음악가가 악기

로 그렇게 한 것이 아니어도 그렇습니다.

샤르보니에 구상음악 작곡가는 이런 용어를 받아들일 것 같지 않은데요.

레비스트로스 오! 그것을 받아들이지 않을 것이라고 확신합니다.

샤르보니에 상당수의 청자들도 그것을 받아들이지 않을 거예요. 누구나 구상음악을 들을 수 있고 감동을 받을 수 있어요. 저 역시 그것을 들을 수 있고 공간 안에 하나의 형태를 제시할 수도 있지요. 베토벤의 교향곡과는 다르게 투사되지만요. 제 느낌에는 어떤 공간에 훨씬 즉각적으로, 본능적으로, 훨씬 자연스럽게 투사되는 것 같습니다. 예를 들어 공간에 투사되는 느낌으로, 필리포 마르케티Filippo Marchetti, 1831~1902의 음악을 들으면 베토벤이나 모차르트를 들을 때와 같지 않습니다.

레비스트로스 예술에 있어 가장 큰 위험은 복사본이 되는 것입니다. 언어가 되는 대신 유사 언어가 되는 것 혹은 언어의 캐리커처, 시뮬라크르simulacre. 자기동일성 없는 복제가 되는 것이요. 이것은 언어를 주제로 한 유아적인 놀이일 수 있습니다. 의미에는 이르지 못하는 채로요. 두 번째 위험은 통합적인 하나의 언어가 되는 것입니다. 분절된 언어 형태를 그대로 쓰지만 사용되는 언어의 질료 자체는 제외되어 있는 언어입니다. 이런 경우 의심할 여지없이 의미는 띠고 있지만 미적 감동이 없지요.

당신이 방금 말한 것에서 제가 놀란 부분은 베토벤의 음악과 구상음악을 분리한다는 것입니다. 고전음악이든 낭만 음악이든 그건 상관없는데, 당신은 그것을 같게 느끼지 않는다는 거죠. 공간 안에서 당신의 지각을 조직하는 데 이런 가능성, 이런 것 자체가 미적 감동을 수반하지 않나요?

샤르보니에   제 안에 있던 어떤 것과 그 조직이 일치하면요. 필리포의 음악을 들으면 아주 신기한 게 있어요. 제 사적인 지각의 형태와 양식을 다시 찾게 된다고 할까, 이 음악을 들으면 제가 어떻게 느끼는지를 작곡가가 저에게 말해주는 것 같습니다.

레비스트로스   그건 미적 체험의 조건 자체를 다시 발견하는 것이라고 생각합니다. 보통 우리가 미적 감동이라고 부르는 것은 비의 미적인 어떤 오브제가 의미 작용을 하면서 어떤 향상성을 보일 때 우리가 반응하는 방식입니다. 예전에 이미 도식화가 된 것이 있습니다. 니콜라 부알로Nicolas Boileau, 1636~1711는 이렇게 썼습니다. "모방된 예술이 되면 그것은 뱀도, 흉측한 괴물도 아니다." 별말 아닌 듯하지만 미적 치환의 속성, 미적 향상 혹은 승진을 말하고 있는 것입니다. 원료 상태에서는 없었던 것이, 그 양상이나 양식에서는 없었던 것이 기표 도식에서 기이하게 생기는 것을 말하는 거지요.

샤르보니에   당신에게는 예술가가 언어를 열망하는 누구입니까?

레비스트로스   오브제를 언어로 열망하는 누구입니다. 도식화를 해도 된다
         면 한 오브제와 대면하는 것인데, 이 오브제에서 무엇인가를
         추출하고 빨아들이고 싶어하는 열망입니다. 이 오브제로 만
         들어진 것, 그것은 자연 존재였던 것이며 이제 문화 존재가
         된 것입니다. 이런 맥락은 제가 방금 말했듯 현상의 한 유형
         이기도 하지요. 그래서 인류학자가 관심을 갖는 것입니다.
         자연과 문화의 관계, 자연에서 문화로 이동하는 경로, 바로
         이것이 특별하게 표현된 예술 안에서 발견되는 것입니다.

"그것은 기호와 오브제에 둘 다
공통으로 있는 것이고 기호 안에 표현된 구조이며,
보통 오브제 안에 은닉되어 있는 것입니다"

샤르보니에   그렇군요. 예술가가 스스로 정의한 과정이 아니라 하나의
         과정을 당신이 정의한 거로군요. 많은 예술가가 오히려 돌
         아가기 위해, 뒤로 돌아가기 위해 기표에서 출발합니다. 그
         렇게 통과해 지나간다고 생각합니다. 문화를 지나 자연을
         향해 간다고 말입니다. 그가 이룬 것이 그것이라고 말할 수
         는 없지만, 그가 하려고 애쓴 것이 그것이라고 말할 수는 있
         습니다. 예술 분야 혹은 우리가 문화라고 부르는 그것은 자
         연을 되찾기 위해 문화를 포기하려고 노력하는 사람들에 의
         해 만들어진 것입니다. 시인의 의지가 이런 것 아닐까요? 결
         국 '의지'입니다. 아마 이것이 진짜로 시인이 하는 것인데,
         그것을 경멸적으로 부르면 '문학'이 되는 거지요.

레비스트로스 　오브제가 기호로 승진한다는 차원에서 보면 그다지 모순적이지 않아요. 만일 성공한다면 어떤 기본적인 속성이 나타나게 되지요. 그것은 기호와 오브제에 둘 다 공통으로 있는 것이고 기호 안에 표현된 구조이며, 보통 오브제 안에 은닉되어 있는 것입니다. 그러나 조형적·시적 재현 덕분에 불쑥 나타나는 것이지요. 게다가 다른 모든 종류의 오브제로 이행이 가능하지요. 저도 당신 생각에 동의합니다. 두 운동이 있는 거예요. 자연에서 문화로의 열망, 즉 오브제에서 기호로, 언어로의 열망이 있어요. 그리고 두 번째 운동은, 언어학적 표현을 쓰면 오브제에 감춰진 속성을 발견하고 알아보는 것으로, 인간 정신의 구조와 그 기능 양식과 공통성을 갖는 게 이 속성이지요.

샤르보니에 　두 번째 운동이 현실화되는 조건에서만 예술이 있다고 말할 수 있을 것 같습니다.

레비스트로스 　물론이에요.

샤르보니에 　그 이전에 예술은 없습니다. 따라서 당신은 추상적 회화를 예술적 표현으로 간주하지 않게 된 것입니다.

레비스트로스 　저는 아주 주관적인 답만 제시할 수 있습니다. 그러나 무엇보다 그렇게 되면 저는 아주 나쁜 인류학자가 되겠지요. 우리가 이 문제를 토론할 때 제 머릿속에는 당신과 제가 같은 세대에 속하지 않는다는 생각이 없었습니다. 그러다가 다른 모델들 앞에서, 당신이 눈 아래 있는 것들을 어떻게 바라보고 느끼는지 배웠어요. 그리고 제 노력으로 이성적인 합리화를 하려고 했지요. 거부감이라고 말하지는 않겠지만, 추상화 앞에서의 제 무관심이라고는 할 수 있겠지요. 이런 건 좋은 논의가 아닐 수 있어요. 제가 당신 의견에 반박하는 이성적인 이유라고 말하기에요. 다만 역사적 태도를 이성화하려는 시도일 수는 있어요. 제 세대 혹은 제 주변의 몇몇 사람들이 청소년 때는 보지 못했던 어떤 작품들을 본 다음에 보이는 태도 말입니다.

샤르보니에   저에게도 딱히 적용되는 건 아닙니다. 저도 추상화를 충분히 다 받아들일 만큼 젊지는 않으니까요.

레비스트로스   하지만 당신의 동시대인들 혹은 바로 앞선 세대와 당신을 대립시키는 게 그것이지요.

샤르보니에   그건 그렇습니다.

레비스트로스   저도 청소년 시절에 입체주의에 대단한 열정을 느끼긴 했어요. 다만 제가 바라보는 입체주의 그림과 제 고유의 개성 사이에 충실하고도 솔직한 관계가 없었던 것이지요.

샤르보니에   그래요. 그래도 늘 사용하는 이 '대립하다'라는 말은 좀 불편해요. 사람들이 찾는 것은 대립이 아니거든요. 사람들이 찾는 건 '다른 것'입니다. '대립하다'와 '다르다', 둘이 같은 건 아니지요.

레비스트로스   우리는 예술과 언어의 관계를 말합니다. 철학자 앙리 베르그송Henri Bergson, 1859~1941이 한 촌부 여인에 대해 말한 일화가 있어요. 이 여인이 멀리 떨어진 마을을 방문합니다. 성당에 가지요. 신부가 설교 중인데, 그녀는 신부가 하는 농담에 웃지 않고 가만히 있습니다. 왜 그렇게 무감하냐, 하는 질문에 여인은 이렇게 대답합니다. "저는 이 교구 사람이 아닙니다." 언어 현상에는 소통만 있는 것이 아니라 이런저런 집단 혹은 세대나 환경에만 속하는 특별한 소통 양식을 만드는 노력도 있어요.

샤르보니에   코탕탱 반도에 있는 마을들을 압니다. 그곳에서는 우리가 가장 흔히 쓰는 단어들이 일반적으로 통용되는 의미와 전혀 다른 의미로 사용되지요. 그 마을 이름을 댈 수는 없어요. 거기 사는 주민들 마음을 아프게 하고 싶지는 않으니까요. 그곳에서는 가령 taciturne(말이 적은, 과묵한, 유머가 없는)가 gai(즐거운, 명랑한, 쾌활한, 밝은)라는 뜻으로 사용됩니다. 단어들 대부분이 이런 방식으로 이해되지요. 그래서 실은 전혀 이해가 되지 않을 수 있습니다.

레비스트로스   네. 바로 이런 게 예술적 표현 방식에 대한 우리의 편애를 이해해보려고 할 때 집단을 추상화할 수 없는 이유이기도 합니다.

샤르보니에 제가 시인은 언어 영역에 위치한다고 말했지만, 사실 시인은 단어의 특별한 사용을 통해 의미를 벗어나려고도 합니다. 사색자인 당신이 보기에 이런 건 사색적 태도를 환기시키나요? 아닌가요?

레비스트로스 제가 시적 작품과 그것의 고유한 창작 과정을 생각할 때는 철학적·형이상학적 이미지를 떠올리거나 고찰하는 게 아닙니다. 오히려 저는 화학자를 보는 기분인데, 분자들을 거시적으로 총합하는 화학자 말입니다. 그것은 거시적이고 언어적인 존재물을 창조하는 문제이며, 치밀하고 촘촘한 오브제를 창조하는 문제입니다. 그 원료, 재료 들은 이미 언어적 본성을 가지고 있어요. 일종의 메타언어입니다. 물론 '메타'라는 용어에 어떤 형이상학적 함축이 있는 건 아니고요.

샤르보니에 방금 당신이 말한 것을 회화 영역으로 옮겨 올 수 있겠군요. 모든 용어들을 전이하면 추상화가의 그 비슷한 어떤 것을 지지할 수 있을까요?

레비스트로스 아닙니다. 거기에는 엄청난 차이가 있습니다. 시인들이 사용하는 원료는 이미 의미로 가득 차 있습니다. 그것은 의미를 가진 단어들 혹은 단어들의 집단인데, 시인은 그것들을 조합하면서 의미를 굴절시키고 조정하며 더 풍부하게 합니다. 추상화가가 사용하는 원료는 색들의 터치입니다. 이 경우에는 물리적 실재와의 상관성을 명백하게 갖지 않는 순간부터 그 자체 안에 의미를 소유한 요소들이 아니게 됩니다. 당신도 말했지만, 그건 언어에서도 같습니다. 언어 안에도 같은 것이 있습니다. 언어를 구성하는 단위체들을 언어학자들은 음소라고 부르지요.

"그림은 오브제와,
그 오브제가 아무리 멀리 떨어져 있어도,
어떤 상관성을 갖고 있을 수밖에 없는 것이 사실이다"

샤르보니에   음소는 의미 작용과 관계가 없잖아요.

레비스트로스 의미 작용과의 친근성은 없습니다. 예로 알파벳 p와 t에는 어떤 의미도 내재하지 않습니다. 대신 pas와 tas라는 단어에 결착된 두 의미를 구분하는 데 사용되지요. 당신은 이렇게 말할 수 있습니다. "그것은 회화 영역에서도 같다. 화폭 위의 색칠이 고유한 의미를 갖고 있지는 않지만, 의미를 미분화하는 데 쓰인다." 그럼 저는 이렇게 대답할 수 있을 것입니다. "그림은 오브제와, 그 오브제가 아무리 멀리 떨어져 있어도, 어떤 상관성을 갖고 있을 수밖에 없는 것이 사실이다. 가령 화가의 붓질은 형식과 내용을 대립시킨다. 그 윤곽과 색깔, 빛과 그림자, 이런 식으로 계속. 그러나 그림의 붓질이 체계를 다 써버려서 고갈시키는 방식은 아니다. 그림에 붓질하는 것 외에 제2의 코드는, 부차적인 코드는 없을 것이다. 화가는 자기가 단 하나의 판 위에 자신의 규칙들을 형식화하는 권한을 가지고 있을 뿐이라고 생각할 것이다."

샤르보니에 　그런 행동과 사유 방식이라면 추상화가는 영속될 수 없겠는데요. 추상화가가 그런 것을 추구하는 것은 장식적인 것을 재발견하거나 그것이 옳다고 주장하는 것과 다르니까요.

레비스트로스 　제가 추상화에 반응하는 방식이 그렇다는 것입니다. 추상화가 저를 유혹할 수는 있어요. 하지만 그 장식적인 면에 제가 희생되는 거지요. 제 눈에 그것에는 의미론적 체계를 가져오는 예술 작품의 본질적인 속성이 결여되어 있어요.

샤르보니에 　저는 추상화를 근거 없이 그냥 생긴 현상으로 생각할 수 없습니다. 추상화가 비약하듯 저에게 다가오는 정확한 순간이 있습니다. 그게 처음으로 표현되었을 때, 제 눈앞에서 말입니다. 그런 순간이 분명히 있었어요. 그럴 때 추상화는 회화의 연속성 속에 등록될 수 있을 것입니다.

레비스트로스 　당연하지요.

샤르보니에 　그 순간만으로 제가 회화라고 부르게 될 이 역사적 운동의 내적 법칙에 부응하는 거지요. 이런 측면에서 추상화를 절대적으로 부정할 수가 없습니다. 저는 추상회화가 라파엘로, 미켈란젤로가 했던 노력의 연속선상에 있다고 봅니다.

레비스트로스   저도 당신처럼 생각합니다. 문제는 지난 세기 이후 회화 예술의 진화와 발전이 그림을 건설하면서 또 점진적으로 파괴하면서 이뤄졌음을 아는 것입니다. 또 이 파괴의 마지막 국면을, 지금 이 순간 우리가 목도하고 있는 건 아닌지 묻는 것입니다.

회화의 미래

레비스트로스 반어적으로, 여기서 인류학자 권한으로 한 말씀 드리자면 회화는 문화의 상수常數적 양식이 아닙니다. 회화 예술 없이도 한 사회는 완벽하게 존재할 수 있습니다. 추상예술 이후만 해석해보기로 하지요.

샤르보니에 회화는 이제 없어도 되는 건가요?

레비스트로스 네. 일종의 초연함입니다. 비회화 시대를 알리면서요.

샤르보니에 그런 생각을 하는 화가들을 알고 있습니다. 그러나 전부는 아닙니다. 그런 생각을 하는 아주 젊은 화가들이 있어요. 바로 그래서 젊은 거지요. 이런 견해는 받아들여지기가 쉽지 않지만 자연 앞에서의 '게으름'이라는 일면이 어떤 것인지 전혀 모르기 때문이지요.

레비스트로스 우리는 여론에 근거를 둘 수 없습니다. 현상들이란 집단적 층위에서 나타나지요. 우리를 초월한 곳에서요. 이 분야에서 내일 어떤 게 생산될지, 우리에게 그 개념은 없습니다. 우리가 예견할 수 있다고 생각하지도 않고요. 소멸에 앞서 나타나는 분해 혹은 붕괴, 회화 예술의 붕괴랄까요? 새로운 중세를 준비하는 출발점일 수도 있습니다. 사실상 우리는 이 시점에 와 있습니다. 경멸적인 뜻에서 하는 말은 아니고, 추상화가들의 탐색과 사색을 보면 중세적 사고와 닮은 부분이 있어요. 어떤 영적 인식을 향한 노력이랄까. 과학 너머의 초월적 지식, 파라랭귀지paralanguage. 준언어 같은 언어를 향한 노력.

샤르보니에   네. 그러나 모든 예술은 당신이 지금 말한 특성을 가지고 있습니다.

레비스트로스   시대적으로 보아도 예술은 외부 세계와 대면했을 때, 그 세계와 다소 적대적인 입장에 놓이게 됩니다. 르네상스 화가들에게 미술은 아마도 인식의 수단이었을 겁니다. 소유의 수단은 아니었지요. 우리가 르네상스 회화를 생각할 때 이것을 잊으면 안 됩니다. 그건 피렌체와 그 밖의 도시에 있었던 막대한 부 덕분에 가능했던 것입니다. 이탈리아의 부유한 상인들에게 화가는 수단이며 도구였습니다. 이들을 통해 세상의 아름답고 탐스러운 것을 모두 소유할 수 있었으니까요. 피렌체궁의 그림들은 일종의 소우주를 떠올리게 합니다. 궁의 주인들은 예술가 덕분에 그들 세계를 가능한 실제처럼 꾸몄고 세상에서 가장 중시하는 것들을 구현할 수 있었습니다.

샤르보니에   막스 에른스트Max Ernst, 1891~1976가 이런 말을 했지요. 제가 에른스트의 생각을 많이 왜곡한 것은 아닐 것입니다. "현재 추상화 애호가가 많다면 그건 대단한 재산을 가진 계층이 나섰기 때문이다. 이것이 추상화의 영향력이다." 제가 아까 젊은 화가에 대해 말한 것과는 반대되는 이야기 같지요? 여기서 제기할 문제는 없습니다. 사실 할 수 있는 가장 큰 비난이지요. 막스 에른스트가 추상화를 선고한 건 바로 이래서예요. 그의 눈에는 의미가 없었습니다. 바로 거기에 물을 길어다가…….

레비스트로스   아마 제가 방금 말한 것과 같은 의미는 아닐 것입니다.

샤르보니에   네, 같은 의미는 아니에요.

레비스트로스   하지만 모순되는 것도 아니에요.

"예술은 안내이자 가르침의 수단이기도 합니다.
우리를 둘러싼 현실을 배우는
견습이라고 말할 수 있지요"

샤르보니에   에른스트는 추상화를 구입하는 나라들을 고찰해보라고 말합니다. 하나같이 질문을 제기하고 싶지 않은 나라들이지요. 그곳들은 모든 질문을 제거하고 그저 일에만 몰두하게 합니다. 그래서 추상화를 취하는 것입니다. 구체적이지 않고 추상적이니 차라리 안심이 되는 거지요. 책상에서 일하다가 눈을 들어 추상화를 바라보아도 어떤 종교적·사회적 질서에 대한 문제를 특별히 제기할 건 없으니까요. 그건 불안을 주지 않아요. 안심이 됩니다. 믿음이 생기고 자신감이 생겨요. 추상화를 앞에 두고 있으면 왠지 양심을 챙긴 듯도 하고요. 제가 개인적으로는 받아들일 수 없는 관점이지만, 어쨌든 갑자기 그것을 받아들일 수 있을지도 모르고.

레비스트로스 사회 내에서 예술의 역할은 단순히 소비자에게 감각적인 만족감을 주는 것만이 아닙니다. 예술은 안내이자 가르침의 수단이기도 합니다. 우리를 둘러싼 현실을 배우는 견습이라고 말할 수 있지요. 전에도 이런 점을 주장했는데, 이것은 좀 중요한 것이니까 나중에 다시 말씀드리겠습니다. 인상주의 그림은 단순히 회화 기술과 그림을 보는 방식의 변형이나 혁명만이 아닙니다. 앞에서 도식화하긴 했으나, 고전주의 화가들과 낭만주의 화가들은 귀족적이고 장대한 풍경에 주로 관심을 가졌어요. 장엄한 산과 웅장한 나무들. 반면 인상주의는 그보다 작은 것에 만족했죠. 들판, 작은 가옥, 몇몇 왜소한 나무들. 오브제 선택에서 알 수 있는 이런 겸손함은 인상주의 화가들이 사물이 달아나는 듯한 모습에 관심을 가졌던 것과 그것을 시간의 질서 안에서 재현해보려고 했던 것과 연관이 있습니다. 제가 방금 열거한 것처럼요.

샤르보니에   그래요. 그림의 화폭을 연속해서 보면 기본적으로 같은 오브제입니다.

레비스트로스   그렇습니다. 인상주의에 대해 찬미할 것도 많지만 이렇게 말해도 딱히 비방은 아닐 것입니다. 인상주의가 많은 것을 체념해야 한다는 것을 배우는 중인 한 사회의 그림이라는 점 말입니다. 전前 시대에 가지고 있던 것들을 포기하면서요. 어느새 초라한 근교의 풍경을 그려도 기품 있고 위엄 있는 시대가 도래했습니다. 그것들도 아름답습니다. 그러나 푸생에게 영감을 주었던 그 장엄한 풍경은 19세기에 점점 더 볼 수 없게 되었고 이제 더 있지도 않습니다. 문명은 여기저기에서 파괴되었고, 인간은 현대적인 기쁨을 누리게 됐습니다.

샤르보니에   그래요. 아름답지 않은 것들에 대해서도 비슷한 양의 아름다움을 기대하지요.

레비스트로스   세상이 변하고 있다는 신호입니다. 우리는 인상주의와 함께 전복이 나타나는 것을 봤어요. 그 이전의 형태와 비교할 때 말입니다. 그런데 입체주의와 함께 새로 깨달은 것은 근교의 소박한 풍경과 함께 살라는 것(몽마르트르는 이미 바라보기에도 침울한 건물들로 곤두서 있었지요)보다는 인간이 만든 산업적 풍경 속에서 좋은 지성으로 살라는 것이지요. 20세기 인간들이 살아야 하는 세계에서는 상대적으로 보호된, 아기자기한 자연의 구석들이 많이 사라졌습니다. 알프레드 시슬레나 카미유 피사로Camille Pissarro, 1830~1903에게 소중했던 그런 곳들 말입니다. 이제는 산업적 가공물의 오브제들에서 영감을 받아 그것을 주제로 한 그림들이 다량 산출되고, 문화와 그런 문화의 산물이 주가 되는 세상입니다.

샤르보니에   그런 의미라면 추상화가 완전히 합리화되는데요. 만일 추상화가가 제조물 오브제를 아름답다고 생각한다면요. 그러나 이것도 과거입니다. 이제는 모든 게 정말로 추합니다. 아름다움으로 통하는 오브제의 양이 많긴 해도, 정말 그럴 만한 자격이 있는 오브제를 찾기는 이제 힘듭니다.

레비스트로스   추상화와 베르나르 뷔페Bernard Buffet, 1928~1999의 작품, 가령 〈호리빌레 딕투horribile dictu〉 같은 작품 간의 상호 보완적 관계는 어떻습니까? 당신도 이건 인정할 수밖에 없지 않나요? 뷔페는 이런 말을 했어요. "모든 게 추하다. 추하지 않더라도 더 추한 것들을 당신들에게 보여주겠다. 그 안에서 당신이 살아야 하니까, 거주할 수밖에 없으니까. 당신한테는 그것밖에 없다." 그런 반면 추상화가는 이렇게 선언하지요. "나는 모든 것으로부터 등을 돌린다. 그리고 그린다. 그런데 나는 무엇을 그리지?"

알프레드 시슬레, 〈부지발 지방의 센 강〉, 1876

카미유 피사로, 〈부지발 지방의 센 강〉, 1870

샤르보니에 오브제 위에 놓을 수는 없지만 오브제 위에 놓고 싶은 내적
아름다움을 아주 단순하고 순도 있게 표현하는 것?

레비스트로스 그런 비객체화된 아름다움을 찾는 거라면 조가비나 조약돌
같은 특별한 오브제들을 보는 게 차라리 낫다는 거지요.

샤르보니에 네, 압니다. 그래도 당신의 견해와 모순되는 건 아니에요. 당
신이 인상주의와 입체주의에 대해 이성적 사유를 한 것처
럼, 저는 그런 것을 추상화에도 적용하려고 한 거예요.

레비스트로스 자, 해보세요!

"추상화는 일종의 도피를 열망합니다"

샤르보니에 어떤 사람들은 이렇게 말합니다. "당신이 가지고 있는 것에
만족하세요. 당신이 살고 있는 세계가 그거니까요."

레비스트로스 알겠습니다. 그럼에도 우리가 사는 세계는 추상화가 그리
는 세계와 같지 않습니다. 추상화는 일종의 도피를 열망합
니다. 방금 당신이 인용한 막스 에른스트의 말이 그런 뜻에
서 한 말이에요.

샤르보니에 물론입니다. 하지만 세상이 제게 제공하는 것보다 더한 것
을 발견하게 해준다면 왜 회화를 떠나야 하나요?

레비스트로스 그건 출구입니다. 하지만 저는 회화가 유일하게 가능한 출구다, 라는 말은 믿지 않아요. 그럴 리도 없고요. 다른 데서도 말했지만 오히려 경향과 풍조의 완전한 전복을 보게 되지 않을까요? 가령 직업처럼 그리는 그림, 눈속임 그림 같은 것으로 다시 회귀하지 않을까요? 외부 세계의 오브제를 모방하듯 그리면서 어떤 영감을 찾거나 하진 않겠지요. 그게 너무 쉽다는 걸 아니까요.(기술적 수단도 많고, 수 세기에 걸쳐 화가들이 축적한 경험도 있고, 이런 모방으로 장인적인 일을 할 수 있어도요.) 그러나 이런 객관적인 세계를 재창조하는 작업에서는 무엇도 얻지 못합니다. 영영 거부당할 뿐이지요. 그림으로 무엇을 복구할 수 있겠어요?

샤르보니에 원하는 대로 믿는 거지요. 인간을 둘러싸고 있는 것을 인간이 장악하면 다른 장소에 가 있는 기분이 드는 것 아닐까요? 몇 세기 전 회화의 아름다움에 대해 말씀하셨잖아요. 우리가 이제는 볼 수 없는 아름다운 풍경, 자연과 궁의 구성……. 만약 자기 눈앞에 있는 게 아름답다, 하고 불쑥 결정해버리면 그냥 아름다운 거예요. 푸생의 풍경화를 보고 느꼈던 위대함을 몽소 공원에서 느끼지 못하라는 법은 없어요. 회화의 어떤 형태로 갑작스럽게 회귀하는 게 가능하다면 정해진 아름다움이 따로 있을 필요는 없다고 생각해요. 살바도르 달리Salvador Dalí, 1904~1989가 대체로 정의한 게 이거 아닌가요? "우리는 모든 것을 이튿날이면 다른 각도로 보아야 한다."

레비스트로스   꼭 그럴 필요는.

샤르보니에   장엄함, 위대함, 아름다움 같은 것도 다르게 생각해야 해요.

레비스트로스   우리는 말 그대로 아주 성실하게, 있는 그대로 아주 본질적으로 어떤 아름다움의 형태를 재현해야 합니다. 이런 아름다움의 형태가 우리가 사는 세상에 더 이상 존재하지 않는다는 것을 정확히 인식하면서요. 그런 것을 고안해내야 합니다.

샤르보니에   재미난 게 있어요. 여러 친구들과 대화를 하던 중 라데팡스 광장에 세 꼭짓점 위에 구축되어 있는 거대한 시멘트 천에 대해 말하게 되었는데요. "아름답다" "추하다" 이런 표현을 쓰는 사람은 거의 없더군요. 다들 "엄청나!" "기가 막히는군!" 하는 식이었지요. 우선 놀라는 것입니다. 감탄에 가까운 경이를 느끼는 거지요. 그러고는 그것을 역사의 한 장면을 보듯 하면서 18세기에 대한 노스탤지어를 느끼고요. 그러다가 다시 찬탄으로 돌아섭니다. 이게 미래의 형태일까 생각하는 거예요. 물론 결정된 건 아닙니다. 그렇지만 아름다운 거야, 하고 놀라면 그때 그건 정말 아름다운 것이 되지요. 푸생의 장엄한 아름다움이 이 거대한 시멘트 천으로 옮겨 올 수도 있어요.

레비스트로스   우선 그것은 아름다운 것도 추한 것도 아닐 수 있어요. 다른 질서가 눈에 띈 것에 가깝지요. 모든 것이 아름다움과 추함의 상관성으로 정의되는 건 아닙니다. 우리가 미적이라고 부르는 것과 정확히 같지 않은 아름다움의 유형이 있어요. 저는 대도시의 아름다움에 늘 민감했습니다. 특히 뉴욕. 그러나 뉴욕은 예술 작품처럼 아름다운 게 아니에요. 인간이 만든 작품이라서 그런 것이 아니고, 그것이 그저 한 폭의 풍경이기 때문입니다. 다시 말해 수천 년이 만들어낸 우연한 산물이기 때문이지요.

샤르보니에　풍경으로써 아름답다고 하시니, 결국 뉴욕을 자연에 연관 지은 것이지 문화에 연관 지은 건 아니네요.

레비스트로스　그렇긴 하지요. 라데팡스의 그 우뚝한 건물이 산처럼 보여서 아름답다는 것이지, 기념비처럼 보여서 아름답다는 건 아닙니다.

"현대 과학의 모든 위대한 창조 행위들은
인간을 점점 더 자연과 직접 통하게 하고
조화를 이루게 하고, 그러면서 일종의 도구
혹은 수단을 만들게 합니다"

샤르보니에　우리 시대의 현상이 거기 있는 거 아닐까요? 인간은 문화보다 자연과 더 닮은 어떤 것을 분비하기 시작하지 않았습니까? 예술 작품 안에 근본적인 변동이 있지 않나요? 자연을 반영하거나 되찾는 게 아니라 자연에 '보태는' 식으로요.

레비스트로스   요즘의 특징을 바로 지적하셨네요. 현대 인간의 미적 활동 뿐만 아니라 기술적·과학적 활동도 마찬가지예요. 현대 과학의 모든 위대한 창조 행위들은 인간을 점점 더 자연과 직접 통하게 하고 조화를 이루게 하고, 그러면서 일종의 도구 혹은 수단을 만들게 합니다. 그로써 위대한 자연의 법칙이 자연스레 표현되도록 하지요. 하물며 가까이 있음에도 표현될 기회를 갖지 못한 자연의 일부도 있지만, 그것들은 인간이 만든 작품을 통해서 드러나게 되지요. 핵에너지를 어떻게 사용하느냐 하는 문제도 이런 식으로 생각해볼 수 있어요. 전쟁을 할 것이냐 평화를 유지할 것이냐.

샤르보니에   법칙을 추가한 것이 아니라 법칙의 결과물을 추가한 것이라면 이미 자연의 분비물입니다.

레비스트로스   그래요. 하지만 사회가 자신의 미적 만족을 거기에 위치시키는 것은 아닌지 혹은 다른 분야로 이전하는 것은 아닌지요.

샤르보니에   정말 새로운 현상이에요. 예술가들도 말하게 되겠지요. 이건 본질적인 현상입니다.

레비스트로스   그런데 그게 가능한 것인지 모르겠습니다. 자연에 대한 이런 힘과 관련하여, 우리 사회와 완전히 동떨어진 원시사회의 예를 다시 한 번 생각해봅시다. 원시사회가 자연과 직접적으로 통해 있었던 것은 이 사회가 취약했기 때문입니다. 즉, 과잉이 아니라 결핍 때문이었지요. 자연결정론을 벗어날 수 있는 수단을 갖고 있지 못했어요. 하지만 원시사회는 초자연적인 것과의 관계를 여러 방향에서 찾음으로써 미적 표현물들을 만들어냈습니다. 그들의 예술이 마법적이고 종교적인 이유는 그래서지요. 이런 관계가 꼭 필요하진 않을 것입니다. 그러니까 적용 형태가 문제입니다. 그게 무엇이 될지 우리는 예측할 수가 없어요.

샤르보니에   이 법칙들이 표현될 기회를 갖고 있지 못하다는 말씀을 방금 하셨는데, 이미 우리 시대 예술가도 그 점에 놀랐을 것입니다. 존재하는 법칙이긴 한데 형식화되지는 않았고, 그러나 형식화할 수 있어서요. 원래 있던 거니까. 그런 법칙에 인간이 무엇을 제시할 때, 인간이 이 법칙들에서 실행되는 그 무엇을 제시하려고 할 때 그것은 곧 자연에 자연을 다시 덧붙이는 것밖에 안 된다는 것입니다. 다시 갖다 놓는 거지요. 예술가는 그것을 압니다. 적어도 어렴풋하게 인식하지요. 흐릿하고 모호해도 탐색을 멈추지 않으면서 이런 인식을 자꾸 만들어냅니다.

레비스트로스   그건 제가 좋아할 예술 형태가 아닌 것 같군요.

샤르보니에 만일 추상회화가 예술가에 의해 표현되지 않았거나 표현될 수 없는 것들에 기회를 주는 방식이라면, 만일 현대 예술의 특징이 있는 것에 무엇을 덧붙이는 능력이 아니라 있을 수 있는 것, 있는 것의 연속적 결과물로 무엇을 탄생시키는 의지라면? 물론 이런 부가적인 성격에 초자연적인 것을 도입하는 걸 제가 상상하는 건 아닙니다.

레비스트로스 외부 세계에 비해, 자연에 비해 예술을 따로 떼어 외곬으로 생각하는 것은 잘못이지 않나요? 예술 자체의 속성, 그것이 가지고 있는 고유한 우주에 대해 생각해야 합니다. 저는 예술가와 외부 세계의 관계에 놀라기보다 예술을 행해온 여러 시대 간 예술가들의 관계에 더 놀라곤 합니다. 회화에는 하나의 거대한 질서가 있어요. 그것은 일종의 닫힌 우주입니다. 오늘날 화가는 현재 세계에 반응하기보다 과거의 화가에 더 많이 반응하는 듯합니다.

샤르보니에 세계가 다소 같은 방향을 향해 나아가고 있다고 생각하지 않으십니까? 인간의 모든 이동은 어느 정도 병존하거나 조금씩 연결되어 있지 않나요?

레비스트로스 분명 상관성은 있습니다. 완전히 임의적인 방식으로 이뤄지는 것은 아니지만 문명은 조각들로, 단편들로 이루어져 있습니다.

샤르보니에   12음기법의 음악은 얀 반 에이크Jan Van Eyck, 1390~1441의 그림
                    과 동시에 나타난 게 아닙니다. 그 음악은 반음계의 사용보
                    다 공장이라는 불안한 문명과 더 연관된 것으로 보입니다.

레비스트로스   그런 연관성은 잘 모르겠습니다. 12음기법이 현재 나타나는
                    사회의 모든 것과 관련한다기보다 이전 시대와 연결된 음악
                    형태라고 보는 것이 이것의 상황을 이해하기에 훨씬 쉬울
                    것입니다.

샤르보니에   음악의 상황과 그것이 표현되는 사회 사이에 관계가 있긴
                    해요. 제가 제대로 정의는 못하지만.

레비스트로스   물론입니다. 뭐 하나는 있게 마련이지요.

샤르보니에   현상들의 공존은 우연한 것이 아니에요. 제가 '의미를 가지
                    고 있어야만 한다'라고 말할 수도 있지만 여기서 그런 표현
                    을 쓸 수는 없을 것 같습니다.

레비스트로스   네. 두 양상을 늘 헤아려야지요. 각 질서 안에는 지체와 서
                    두름이라는 두 움직임이 있어요. 음악은 다른 미적 형태보
                    다 아방가르드가 더 많은 것 같습니다. 인상주의 현대음악
                    은 회화적 구도로 할 수 없는 것을 더욱 대담하게 했지요.

샤르보니에   감각적으로는 약간 같은 기법 아닌가요?

얀 반 에이크, 〈아르놀피니의 결혼〉, 1434

레비스트로스   아주 일부만 그렇습니다.

샤르보니에   인상주의 그림에는 인상주의 음악에도 있는, 아주 비슷한 '해체' 현상이 있어요.

레비스트로스   아, 우리가 그걸 들을 줄 아는 한 그 음악은 늙지 않을 겁니다.

문화와 언어

"민족학 혹은 더 넓은 의미에서 인류학은
묘사, 관측, 분류, 해석 같은 작업을 하는 일입니다.
즉, 문화의 질서 체계 안에서 하는 일이지요"

샤르보니에   클로드 레비스트로스, 우리는 지금까지의 인터뷰를 통해 인류학자 아닌 제가 인류학자인, 즉 학문을 하는 분과 대화를 해보려는 노력을 하였습니다. 제가 질문을 했고, 거기에 대한 답을 하시기 위해 때로는 인류학 아닌 분야에 대해서도 힘들게 답을 주셔야 했고요. 다만 제가 잊지 않았던 것은 인류학자는 수학적인 것으로부터도 도움을 받지만, 시적인 이해의 도움도 받는다는 것이었습니다. 어떤 다른 과학 학문과 달리 인류학은 오브제, 즉 타자와의 동일화를 겨냥해야 한다고 생각합니다. 언어의 시적 속성을 발견해야 하고, 또 그걸 알아야 하고요. 저는 인류학자에게 전공 분야 바깥의 문제를 질문할 때, 시적 이해력에 도움을 청할 것을 부탁하는 것도 잊지 않았습니다. 그러나 우리가 학자에게 던지는 질문들은, 그냥 던지는 질문이 아니라 그 질문에 대한 답을 정말로 알고 싶어서입니다. 끝없는 수정을 거치게 되어도요. 우리 같은 일반인은 지식을 갖춘 인간에게 어떤 교육을 받길 원하는 것입니다. 순진한 거지만, 그래야 안심이 되니까요. 학자가 내는 결론을 알고 싶어 합니다. 우리는 결론을 원하니까요. 인류학자가 해주는 말을 듣고 싶어 합니다. 마지막으로 질문을 하나 하고 싶은데요. 우리 같은 사람들도 자연과 문화에 대해 이야기하곤 합니다. 아주 모호하게 할 뿐이지만요. 당신 같은 학자도 자연과 문화에 대해 이야기할 것입니다. 아마 용어를 정의하면서요. 그렇다면 당신에게 자연과 문화 사이에는 어떤 구분이 있는 것입니까?

레비스트로스 인류학자에게 그것은 기본적인 구분입니다. 문화culture라는 단어는 인류학자에게도 약간 난처한 단어인데, 사실 영어에서 수입된 단어라서 프랑스어에서 쓰는 전통적 의미와는 약간 다릅니다. 인류학의 창시자들이 제시한 단어지요. 자연 nature은 생물학적인 유전으로, 우리 안에 있는 모든 것입니다. 문화, 그것은 그 반대이며 외부 전통에서 온 것입니다. 인류학자 에드워드 버넷 타일러Edward Burnett Tylor, 1832~1917의 고전적 정의를 빌리면(이게 기억에 의존하는 거라서 표현이 정확할지 모르겠습니다만) 결국 문화 혹은 문명은 인습, 종교, 제도 같은 것의 총체입니다. 가령 예술, 법률, 종교, 물질적 생활에서의 기술 등 한마디로 사회의 한 구성원으로서 배운 습관이나 능력을 가리키지요. 따라서 두 가지 커다란 사실들의 체계가 있는데요. 하나는 우리의 탄생, 부모나 조상으로부터 유전적으로 물려받은 특성에 따른 생물학, 심리학 등에 의해 부각되는 것 또는 동물적인 것이고요. 다른 하나는 사회 구성원으로서 우리가 취하는 인공적인, 인위적인 세계지요. 민족학 혹은 더 넓은 의미에서 인류학은 묘사, 관측, 분류, 해석 같은 작업을 하는 일입니다. 즉, 문화의 질서 체계 안에서 하는 일이지요. 그런데 동물학, 식물학은 자연의 질서 체계 안에서 하는 일입니다. 이런 의미에서 인류학은 자연과학일 수 있고, 아니면 자연과학의 예로 구성되고 싶은 열망을 가지고 있다고도 볼 수 있습니다.

샤르보니에   문화는 어떤 면에서 자연으로부터 유래한 것인가요?

레비스트로스   문화에는 상당한 자연 요소들이 있어요. 어떤 사회에서든 인간이 기본적으로 필요로 하는 사항이 있습니다. 먹어서 영양 보충하기, 추위 피하기, 번식하기 등.

샤르보니에   다시 생성이 되는 과정, 구상이 되는 과정 아닌가요?

레비스트로스   기본적인 필요 사항이죠. 이 필요의 근원은 자연적인 것입니다. 호모사피엔스라면 전부 이런 필요 사항이 충족되어야만 합니다. 그것은 인류학자의 흥미를 끄는 것이며 문화가 드러내는 것이기도 합니다. 사회와 시대에 따라 이런 필요 사항들은 변화를 거듭했지요. 늘 어디에서나 동일한 1차 원료에 변경이 가해졌다는 것입니다.

샤르보니에 문화라고 대표될 만한 것은 어떤 기호인가요? 그중 가장 소박한 것이라면?

레비스트로스 제조된 오브제일 것입니다. 그래서 인류학자들은 인류를 호모파베르homo faber. 도구적 인간라고 지칭하기도 했지요. 이것이 문화의 특성이라고 보았습니다. 저는 이것에 전적으로 동의하지 않는다는 점을 말씀드리고 싶어요. 저의 주된 연구는 문화와 자연의 경계선을 정하는 것인데, 그 경계선이 연장이 아니라 분절된 언어에 있다고 보고 있습니다. 인류의 도약이 이루어지는 건 바로 그 지점입니다. 우리가 모르는 행성에서 낯선 생물체를 발견한다고 상상해보세요. 그 생물체가 도구를 사용한다고 해서 우리와 같은 인류라고 생각할까요? 지구에서도 도구를 만들거나 도구의 초벌 정도 되는 것을 만드는 동물을 볼 수 있습니다. 그렇다고 그 동물들이 자연에서 문화로 이행했다고 보지는 않지요. 그런데 만일 언어를 소유한 다른 생물체와 우연히 마주쳤다고 상상해보세요. 우리 언어와 달라도 번역이 가능하다면, 그 언어로 우리는 의사소통을 할 수 있습니다.

샤르보니에 기호나 단어를 통한 언어를 뜻하는 거지요? 어떤 언어인지는 상관없어요.

레비스트로스   어떤 언어든 상관없어요. 당신이 파악할 수 있으면 됩니다. 언어의 속성이란 번역이 가능하다는 것입니다. 그렇지 않으면 언어가 아닙니다. 언어라는 것은 기호 체계이고, 변형을 통해서라도 다른 기호 체계와 반드시 등가성이 있어야 합니다. 개미들은 땅 속에 아주 복잡한 궁을 지을 수 있습니다. 자연이 만들어주지 않아서 스스로 영양분을 만들어내는 속성을 가진 버섯의 문화만큼이나 아주 영리한 문화를 가지고 있어요. 하지만 개미들은 여전히 동물성 속에 있습니다. 그런데 만일 우리가 개미들과 메시지를 교환할 수 있고 토론도 할 수 있다면? 상황은 완전히 달라지겠지요. 개미와 우리는 자연 질서 안에 있는 게 아니라 문화 질서 안에 있게 됩니다.

"언어는 본질적인 도구이며,
우리가 집단 문화에 동화될 수 있게 해주는
특별한 수단입니다"

샤르보니에   그러니까 모든 문제는 언어네요?

레비스트로스   네, 저는 모든 문제가 언어에서 온다고 생각해요. 예술에 대해서도 말하지만 그것 역시나 언어 체계입니다. 언어는 나에게 가장 탁월한 문화적 실체로 보입니다. 여러 호칭을 가지고 있을 뿐이지요. 우선 언어는 문화의 일부분이고, 우리가 외부 전통으로부터 받아들인 능력 혹은 습관의 하나입니다. 언어는 본질적인 도구이며, 우리가 집단 문화에 동화될 수 있게 해주는 특별한 수단입니다. 한 아이가 문화를 배웁니다. 그것은 말을 하기 때문이지요. 질책을 하고, 권고를 하고, 모든 것이 말로 이루어집니다. 특히 언어는 모든 문화적 표현물 중에서 가장 완벽한 것입니다. 하나의 호칭 혹은 다른 여러 개의 호칭으로 어떤 체계를 만듭니다. 예술, 종교, 법, 요리, 예의범절 같은 것도 일종의 언어 체계입니다. 우리는 그것을 기호들의 분절을 통해, 그리고 언어적 소통의 모델에 맞춰 형성된 부호들로 파악해야 합니다.

샤르보니에 시가 다른 예술 형태보다 앞서 탄생했습니까? 아니면 그다음에 탄생했습니까? 시는 다른 예술 형태보다 특별한 언어입니까?

레비스트로스 그렇게 연결해야 할 필요성은 잘 모르겠습니다. 시적 목표에 이르기 위해 언어를 사용하는 것은 다른 어떤 미적 형태보다 어렵고 복잡할 수 있습니다. 날것 그대로의 언어 원료들을 언어 자체의 기법으로 이용하고 조합해야 하기 때문이지요. 언어 자체에 의해 제공된 원료를 가지고 시는 이차적인, 즉 이해할 수 없는 어떤 것을 만들어냅니다.

샤르보니에 따라서 문화를 특징짓는 것은 언어이며, 언어가 문화의 본질이라는 거군요. 그러면 언어만 문제가 되나요? 자연은 문제가 되지 않나요?

레비스트로스   그건 당신이 제기하는 문제에 달려 있어요.

샤르보니에   모든 것은 자연의 양상을 시험하는 문제로 환원됩니다.

레비스트로스   여기에 아직 정의의 문제가 있어요. 당신이 자연 전체를 통해 우리가 사는 세계의 표현을 이해한다면, 문화는 자연의 일부인 것이 분명합니다. 자연이라는 용어를 훨씬 제한적으로 쓰면, 자연과 문화를 대립해서 볼 수도 있고요. 인간이라는 것은 생물학적 유전형질이라고 볼 수 있는데, 이런 관점에서라면 자연과 문화는 양립됩니다. 문화가 생물학적 유전형질에서 오는 것은 아니니까요. 외부 전통, 즉 교육으로부터 오는 것이 문화입니다. 그런데 문화라는 것은 인간이 있는 곳에 있습니다. 인간은 말을 하고, 사회로 조직되고, 서로 다른 인습과 제도에 의해 구분됩니다. 이런 것은 또 어떤 관점에서 자연의 일부일 수 있습니다. 형이상학적 관점이긴 하지만 자연에도 통일성과 일관성이 있다고 말할 수 있고요. 그러나 실질적 관점에서는, 이런 구분이 꼭 필요하진 않은데, 층상層狀형으로 나타날 수 있습니다. 잎을 포개놓은 것 같은 층위들 사이에서 불연속성이 나타날 수 있고, 그 결과 인류학적 관점에서 문화와 자연 사이의 불연속성도 이런 형태로 나타날 수 있습니다. 이러한 불연속성의 포착이 우리 연구 분야이기도 해요.

샤르보니에   자연에 기인한 혹은 언어에 기인한 불연속성 말입니까?

레비스트로스　방법론적 관점에서 언어는 자연적 질서가 아닙니다.

샤르보니에　그래도 언어와 함께 자연을 살펴볼 수는 있지요.

레비스트로스　자연을 연구하는 학문 자체가 문화 행위입니다.

"언어의 기원 문제를 해결하는 날,
우리는 어떻게 문화가 자연 안으로 삽입되었는지
이해할 수 있을 것입니다"

샤르보니에　그렇다면 불연속성을 인정한다 해도, 그게 어떻게 자연 속에 있다고 확신할 수 있나요? 제가 살펴보는 도구 안에 있는 것이 아니라요.

레비스트로스　지금 아주 중요한 문제를 제기하셨어요. 철학자에게는 아주 흥미롭고 중요한 문제입니다. 인류학자의 머릿속에는 항상 이런 질서에서 생기는 문제들이 있습니다. 그래서 철학적으로 변형을 시켜보기도 하지요. 그러면 더 이상 인류학을 하는 게 아닐 수 있지만요. 그 역할이 훨씬 수수한 것일 수 있어요. 분야의 범위를 정하는 것에 달려 있지요. 그 분야란 문화적 현상 전체입니다. 이 분야에서 인류학자는 식물학이나 생물학 혹은 곤충학이 하듯 묘사를 하고 분류하는 일을 합니다. 물론 우리는 여가와 오락을 하면서도 큰 문제를 제기할 수 있어요.(원해서 그러는 게 아니라 늘 사물을 그렇게 보기 때문에 문제를 제기하지 않을 수가 없지요.)

물론 당신이 시작할 때 말했듯이 인류학 바깥의 문제일 때도 그렇습니다. 방금 제가 말한 것이 사실이라면, 문화의 지표는 언어입니다. 당신이 제기한 문제도 결국 언어의 기원 문제가 되고요. 이것이 주요하게 논쟁되고 있는 문제입니다. 철학자들은 아주 오래전부터 모순에 부딪쳤습니다. 언어가 항상 존재했던 것은 아닌데, 또 그게 탄생할 수 있었다는 것도 잘 이해가 안 됩니다. 언어를 탄생시키기 위해 누군가 대화를 고안했을 것이라는 설명은 충분치 않거든요. 처음으로 자신에게 말을 거는 사람의 말을 이해할 수 있어야 한다는 문제도 남습니다. 언어의 기원 문제를 해결하는 날, 우리는 어떻게 문화가 자연 안으로 삽입되었는지 이해할 수 있을 것입니다. 또한 하나의 질서에서 다른 질서로의 이행이 어떻게 이뤄질 수 있었는지도요.

그런데 이런 문제는 인류학적인 문제가 아닙니다. 인간의 사고와 동물의 사고는 근본적으로 차이가 있다는 것도 문제 삼아야 하고, 인간 뇌의 구조와 인간만이 가진 특별한 기능, 그러니까 상징적 기능도 문제 삼아야 하고…… 정신분석적 문제, 해부학적 문제, 생리적 문제 등도 있어요. 뇌의 구조와 그 기능은 반드시 밝혀져야 하고요. 이런 문제는 인공지능학에 의해 상당히 해결될 듯합니다. 또 인간 뇌의 복잡성이 어느 수준인지, 뇌의 어떤 활동까지 객관적으로 확인 가능한지 등은 여러 과학 기계 등을 통해 밝혀질 문제지 인류학의 문제가 아닙니다. 다른 분야의 동료 학자들 곁에서 인류학자가 할 수 있는 게 있다면, 그러니까 진짜 질문은 바로 언어의 문제가 될 것입니다. 자연의 문제와 언어의 기원을 해결해야만 합니다. 그러면 나머지가 해결될 것입니다. 문화란 무엇인가? 그것이 어떻게 출현했는가? 예술, 기술, 법, 철학, 종교는 무엇인가? 그러나 그 베일을 찢는 것은 우리 인류학자에게 달린 일이 아닙니다. 우리가 아는 것은, 세계의 모든 사람들이 분절 언어를 알았다는 것입니다. 가장 오래된, 가장 소박한 인류의 표현물 안에 그게 다 있었다는 것입니다. 언어의 출현은 문화의 출현과 일치합니다. 해결책이 우리에게 있지 않은 이유가 여기에 있습니다. 언어는 우리에게 주어진 거니까요.

옮긴이의 말

수많은 편린, 아니 하나의 소나타

인류학을 전공하지 않고 문학을 공부하던 나는 우연한 기회로 클로드 레비스트로스의 『보다 듣다 읽다』를 번역하게 되었다. 레비스트로스의 미학 에세이라는 부제가 붙은 이 책은 마르셀 프루스트의 『잃어버린 시간을 찾아서』의 장면들을 환기하면서 시작한다. 프루스트의 '무의지적 기억'이 '기억'을 재생하는 기능이 아니라 여러 길을 터주는 역할을 하는 것이며 "체계적으로 망가뜨려진" 체계가, 그 대담무쌍한 체계가 이룬 혁신을 레비스트로스는 매우 명료하고 쉽게 암시해준다. 그 수많은 인상과 감각의 편린들이 결국 이룩해내는 "단 하나의 소나타" "단 하나의 교회" "단 한 명의 소녀". 레비스트로스는 『잃어버린 시간을 찾아서』의 제1권에 나오는 프루스트의 문장을 다소 환언하면서, 자신이 견지하는 미학적 시선을 드러낸다.

나는 잠을 자면서도 방금 읽은 책에 대해 끊임없이 생각했는데, 그 생각은 약간 특이한 형태로 나타났다. 마치 나 자신이 이 작품이 말하는 것이 된 것 같았다. 하나의 교회(une église), 하나의 사중주(un quotuor), 프랑수아

190

1세와 카를 5세의 경쟁.

　　　　　　—마르셀 프루스트, 『잃어버린 시간을 찾아서 1 : 스완네 집 쪽으로』 중에서

　나는 훗날 프랑스어의 부정관사 un/une를 볼 때마다 하나이며 전체이고, 전체이며 하나인 어떤 프랙털fractal 개념을 떠올리게 되었다. Un(하나)은 한 개의 개체, 갈라져 나간 나뭇가지 하나인 것만 아니라 그 수많은 나뭇가지들을 그대로 총합하면서도 단독으로 하나인 나무 같은 것이라고 상상하게 되었다. 물과 물결. 물은 하나이면서 여러 개다. 바닥을 칠 듯 거대한 산으로 솟구쳐 포효하다가 작은 포말 입자로 떨어지는 파도를, 생의 모든 복잡다단한 복수성을 포함한 인내심 깊은 위대한 단수. 대양, 어머니. 한 프랑스 친구는 Un이 des보다 더 많을 수 있다고, 그러니까 하나가 여러 개보다 많을 수 있다고 귀띔해주었다.

　레비스트로스는 프랙털 혹은 프랙털을 만들어내는 알고리즘이 우리 내부에 잠들어 있는 어떤 미학적 감성의 유형일 수 있다고 말한다. 『보다 듣다 읽다』는 프랙털이라는 자기 유사 도형 혹은 자연 오브제의 수많은 환영들에 대한 감각적·지성적 사유를 끊임없이 소환하는 매우 이채로운 미학 에세이다. 문학·회화·음악 등 수많은 예술적 오브제에 대한 레비스트로스의 시선을 통해 예술의 본성을 배울 수 있는 이 에세이에서 끊임없이 출몰하는 영상은 절정에 이른 농밀한 정점에서 터지는 불연속성과 연속성의 조합 관계 혹은 그 환각이다. 우리는 이런 감을 통해 들라크루아와 앵그르의 갈등이 가진 본질을 미루어 짐작할 수 있다.(두 사람은 동시대인으로서 완전히 인접해 있으면서도 전혀 다른 스타일로 화폭을 장악했다.) 트루빌 해안가의 바윗덩어리들을 그리며 단층의 비례를 통해 작고도 큰 세계를 발견해버리거나 아주 바쁜 일이 있는 주민들

처럼 비탈길 사이를 이리저리 왔다 갔다 하는 개미들을 인간세계의 축소된 주민들로 연상한 들라크루아의 짜릿한 위대함에 레비스트로스는 경탄을 금치 못한다. 베토벤의 심포니가 지닌 위대함의 비밀, 니콜라 푸생의 풍경화가 놀랍게 제시하는 조형학적 상상력, 보들레르와 랭보의 시에 나타난 감각적 상응과 오성적 판별력에 대한 분석 등은 정말 심미적이고 지적인 발견이다. 인간·예술·세계 사이의 상관성을 가로축 혹은 세로축을 통한 조합적 상상력으로 이해하게 된 순간부터, 나는 은유와 환유의 정확한 차이를 깨닫게 되었고 문학적 텍스트를 감상하는 데에도 상당한 도움을 받게 되었다.

신화학과 인류학에 무지한 내가 레비스트로스에 눈을 떴다면 우선은 『보다 듣다 읽다』를 통해서다. 독자들이 덜 찾는다는 이유로 한 번의 개정판을 내고 절판된 이 책의 번역본이 다시 소개되기를 나는 간절히 희망한다. 이 책을 번역한 이력 탓에 이후 『오늘날의 토테미즘』 『달의 이면』 등도 번역할 수 있었고 마음산책에서 제안한 『레비스트로스의 말』도 기꺼이, 긍지로 번역할 수 있었다. 레비스트로스의 문장은 번역하기가 쉽지 않다. 잎을 포개놓은 것 같은 복잡한 층상層狀형으로 그의 사유 언어가 전개되기 때문이다. 그러면서도 그의 어투에는 묘한 우아함과 절제가 있다. 나는 번역하기 난해한 도정에서도 어느새 제법 높은 고지에 올라서 있는 듯한 성취를 느낄 수 있었다.

이번 책은 대담이라 구술성이 전제되어 번역하기가 상대적으로 쉬울 것이라고 생각했으나 문자화된 구술성의 맛을 살리는 것이 쉽지 않았다. 가볍게 뛰고 싶은데 낮게 포복해야 하고 걸어야 하는 무거운 제약성이 따르는 심오한 사고들. 수많은 신화적 상상력이, 이성적 사유가 편린처럼 부유하면서도 하나의 균일한 건축물이, 하나의 아름다운 소나타가 떠오르는 듯한 레비스트로스의 말과 사유.

　바쁜 일과 탓에 정해진 마감을 잘 못 지키는 나의 번역을, 매일 문자와 메일로 작업을 독려해준 마음산책 편집팀에게 특별히 고마운 마음을 전한다. 마음산책의 '말' 시리즈가 영롱한 영역을 계속해서 점해나가기를 기원한다.

2016년 4월

류재화